全国一级建造师执业资格考试历年真题+冲刺试卷

公路工程管理与实务
历年真题+冲刺试卷

全国一级建造师执业资格考试历年真题+冲刺试卷编写委员会　编写

中国建筑工业出版社

图书在版编目（CIP）数据

公路工程管理与实务历年真题+冲刺试卷／全国一级建造师执业资格考试历年真题+冲刺试卷编写委员会编写. -- 北京：中国建筑工业出版社，2024.12. --（全国一级建造师执业资格考试历年真题+冲刺试卷）. -- ISBN 978-7-112-30710-4

Ⅰ．U415.1-44

中国国家版本馆 CIP 数据核字第 2024J8X086 号

责任编辑：田立平
责任校对：芦欣甜

全国一级建造师执业资格考试历年真题+冲刺试卷

公路工程管理与实务
历年真题+冲刺试卷

全国一级建造师执业资格考试历年真题+冲刺试卷编写委员会　编写

*

中国建筑工业出版社出版、发行（北京海淀三里河路9号）
各地新华书店、建筑书店经销
北京鸿文瀚海文化传媒有限公司制版
鸿博睿特（天津）印刷科技有限公司印刷

*

开本：787毫米×1092毫米　1/16　印张：12　字数：270千字
2024年12月第一版　2024年12月第一次印刷
定价：40.00元（含增值服务）
ISBN 978-7-112-30710-4
（44015）

版权所有　翻印必究
如有内容及印装质量问题，请与本社读者服务中心联系
电话：（010）58337283　QQ：2885381756
（地址：北京海淀三里河路9号中国建筑工业出版社604室　邮政编码：100037）

前　言

"全国一级建造师执业资格考试历年真题+冲刺试卷"丛书是严格按照现行全国一级建造师执业资格考试大纲的要求，根据全国一级建造师执业资格考试用书，在全面锁定考纲与教材变化、准确把握考试新动向的基础上编写而成的。

本套丛书分为八个分册，分别是《建设工程经济历年真题+冲刺试卷》《建设工程项目管理历年真题+冲刺试卷》《建设工程法规及相关知识历年真题+冲刺试卷》《建筑工程管理与实务历年真题+冲刺试卷》《机电工程管理与实务历年真题+冲刺试卷》《市政公用工程管理与实务历年真题+冲刺试卷》《公路工程管理与实务历年真题+冲刺试卷》《水利水电工程管理与实务历年真题+冲刺试卷》，每分册中包含五套历年真题及三套考前冲刺试卷。

本套丛书秉承了"探寻考试命题变化轨迹"的理念，对历年考题赋予专业的讲解，全面指导应试者答题方向，悉心点拨应试者的答题技巧，从而有效突破应试者的固态思维。在习题的编排上，体现了"原创与经典"相结合的原则，着力加强"能力型、开放型、应用型和综合型"试题的开发与研究，注重与知识点所关联的考点、题型、方法的再巩固与再提高，并且题目的难易程度和形式尽量贴近真题。另外，各科目均配有一定数量的最新原创题目，以帮助考生把握最新考试动向。

本套丛书可作为考生导学、导练、导考的优秀辅导材料，能使考生举一反三、融会贯通、查漏补缺，为考生最后冲刺助一臂之力。

由于编写时间仓促，书中难免存在疏漏之处，望广大读者不吝赐教。衷心希望广大读者将建议和意见及时反馈给我们，我们将在以后的工作中予以改正。

读者如果对图书中的内容有疑问或问题，可关注微信公众号【建造师应试与执业】，与图书编辑团队直接交流。

建造师应试与执业

目　　录

全国一级建造师执业资格考试答题方法及评分说明

2020—2024 年《公路工程管理与实务》真题分值统计

2024 年度全国一级建造师执业资格考试《公路工程管理与实务》真题及解析

2023 年度全国一级建造师执业资格考试《公路工程管理与实务》真题及解析

2022 年度全国一级建造师执业资格考试《公路工程管理与实务》真题及解析

2021 年度全国一级建造师执业资格考试《公路工程管理与实务》真题及解析

2020 年度全国一级建造师执业资格考试《公路工程管理与实务》真题及解析

《公路工程管理与实务》考前冲刺试卷（一）及解析

《公路工程管理与实务》考前冲刺试卷（二）及解析

《公路工程管理与实务》考前冲刺试卷（三）及解析

全国一级建造师执业资格考试答题方法及评分说明

全国一级建造师执业资格考试设《建设工程经济》《建设工程项目管理》《建设工程法规及相关知识》三个公共必考科目和《专业工程管理与实务》十个专业选考科目（专业科目包括建筑工程、公路工程、铁路工程、民航机场工程、港口与航道工程、水利水电工程、矿业工程、机电工程、市政公用工程和通信与广电工程）。

《建设工程经济》《建设工程项目管理》《建设工程法规及相关知识》三个科目的考试试题为客观题。《专业工程管理与实务》科目的考试试题包括客观题和主观题。

一、客观题答题方法及评分说明

1. 客观题答题方法

客观题题型包括单项选择题和多项选择题。对于单项选择题来说，备选项有4个，选对得分，选错不得分也不扣分，建议考生宁可错选，不可不选。对于多项选择题来说，备选项有5个，在没有把握的情况下，建议考生宁可少选，不可多选。

在答题时，可采取下列方法：

（1）直接法。这是解常规的客观题所采用的方法，就是考生选择认为一定正确的选项。

（2）排除法。如果正确选项不能直接选出，应首先排除明显不全面、不完整或不正确的选项，正确的选项几乎是直接来自于考试用书或者法律法规，其余的干扰选项要靠命题者自己去设计，考生要尽可能多排除一些干扰选项，这样就可以提高选择出正确答案的概率。

（3）比较法。直接把各备选项加以比较，并分析它们之间的不同点，集中考虑正确答案和错误答案关键所在。仔细考虑各个备选项之间的关系。不要盲目选择那些看起来、读起来很有吸引力的错误选项，要去误求正、去伪存真。

（4）推测法。利用上下文推测词义。有些试题要从句子中的结构及语法知识推测入手，配合考生自己平时积累的常识来判断其义，推测出逻辑的条件和结论，以期将正确的选项准确地选出。

2. 客观题评分说明

客观题部分采用机读评卷，必须使用2B铅笔在答题卡上作答，考生在答题时要严格按照要求，在有效区域内作答，超出区域作答无效。每个单项选择题只有1个备选项最符合题意，就是4选1。每个多项选择题有2个或2个以上备选项符合题意，至少有1个错项，就是5选2~4，并且错选本题不得分，少选，所选的每个选项得0.5分。考生在涂卡时应注意答题卡上的选项是横排还是竖排，不要涂错位置。涂卡应清晰、厚实、完整，保持答题卡干净整洁，涂卡时应完整覆盖且不超出涂卡区域。修改答案时要先用橡皮擦将原涂卡处擦干净，再涂新答案，避免在机读评卷时产生干扰。

二、主观题答题方法及评分说明

1. 主观题答题方法

主观题题型是实务操作和案例分析题。实务操作和案例分析题是通过背景资料阐述一个项目在实施过程中所开展的相应工作，根据这些具体的工作提出若干小问题。

实务操作和案例分析题的提问方式及作答方法如下：

（1）补充内容型。一般应按照教材将背景资料中未给出的内容都回答出来。

（2）判断改错型。首先应在背景资料中找出问题并判断是否正确，然后结合教材、相关规范进行改正。需要注意的是，考生在答题时，有时不能按照工作中的实际做法来回答问题，因为根据实际做法作为答题依据得出的答案和标准答案之间存在很大差距，即使答了很多，得分也很低。

（3）判断分析型。这类型题不仅要求考生答出分析的结果，还需要通过分析背景资料来找出问题的突破口。需要注意的是，考生在答题时要针对问题作答。

（4）图表表达型。结合工程图及相关资料表回答图中构造名称、资料表中缺项内容。需要注意的是，关键词表述要准确，避免画蛇添足。

（5）分析计算型。充分利用相关公式、图表和考点的内容，计算题目要求的数据或结果。最好能写出关键的计算步骤，并注意计算结果是否有保留小数点的要求。

（6）简单论答型。这类型题主要考查考生记忆能力，一般情节简单、内容覆盖面较小。考生在回答这类型题时要直截了当，有什么答什么，不必展开论述。

（7）综合分析型。这类型题比较复杂，内容往往涉及不同的知识点，要求回答的问题较多，难度很大，也是考生容易失分的地方。要求考生具有一定的理论水平和实际经验，对教材知识点要熟练掌握。

2. 主观题评分说明

主观题部分评分是采取网上评分的方法来进行，为了防止出现评卷人的评分宽严度差异对不同考生产生影响，每个评卷人员只评一道题的分数。每份试卷的每道题均由2位评卷人员分别独立评分，如果2人的评分结果相同或很相近（这种情况比例很大）就按2人的平均分为准。如果2人的评分差异较大超过4~5分（出现这种情况的概率很小），就由评分专家再独立评分一次，然后用专家所评的分数和与专家评分接近的那个分数的平均分数为准。

主观题部分评分标准一般以准确性、完整性、分析步骤、计算过程、关键问题的判别方法、概念原理的运用等为判别核心。标准一般按要点给分，只要答出要点基本含义一般就会给分，不恰当的错误语句和文字一般不扣分，要点分值最小一般为0.5分。

主观题部分作答时必须使用黑色墨水笔书写作答，不得使用其他颜色的钢笔、铅笔、签字笔和圆珠笔。作答时字迹要工整、版面要清晰。因此书写不能离密封线太近，密封后评卷人不容易看到；书写的字不能太粗太密太乱，最好买支极细笔，字体稍微书写大点、工整点，这样看起来工整、清晰，评卷人也愿意多给分。

主观题部分作答应避免答非所问，因此考生在考试时要答对得分点，答出一个得分点就给分，说的不完全一致，也会给分，多答不会给分的，只会按点给分。不明确用到什么规范的情况就用"强制性条文"或者"有关法规"代替，在回答问题时，只要有可能，就在答题的内容前加上这样一句话：根据有关法规或根据强制性条文，通常这些是得分点之一。

主观题部分作答应言简意赅，并多使用背景资料中给出的专业术语。考生在考试时应相信第一感觉，很多考生在涂改答案过程中往往把原来对的改成错的，这种情形很多。在确定完全答对时，就不要展开论述，也不要写多余的话，能用尽量少的文字表达出正确的意思就好，这样评卷人看得舒服，考生也能省时间。如果答题时发现错误，不得使用涂改液等修改，应用笔画个框圈起来，打个"×"即可，然后再找一块干净的地方重新书写。

2020—2024年《公路工程管理与实务》真题分值统计

命题点			题型	2020年（分）	2021年（分）	2022年（分）	2023年（分）	2024年（分）
第1篇 公路工程技术	第1章 路基工程	1.1 路基施工	单项选择题	1	2	2	2	1
			多项选择题	2	2	2	2	
			实务操作和案例分析题	34	19	10	20	22
		1.2 路基防护与支挡	单项选择题					1
			多项选择题	2				
			实务操作和案例分析题				8	2
		1.3 路基排水	单项选择题	2	1		1	
			多项选择题					2
			实务操作和案例分析题					4
		1.4 路基工程质量通病及防治措施	单项选择题			1		
			多项选择题		2			
			实务操作和案例分析题	4				
	第2章 路面工程	2.1 路面基层（底基层）施工	单项选择题	1		1	1	1
			多项选择题		4	2		
			实务操作和案例分析题	6	2	4		3
		2.2 沥青路面施工	单项选择题	2	1	1	1	
			多项选择题	4			2	
			实务操作和案例分析题	8	2			6

4

续表

命题点			题型	2020年（分）	2021年（分）	2022年（分）	2023年（分）	2024年（分）
第1篇 公路工程技术	第2章 路面工程	2.3 水泥混凝土路面施工	单项选择题		1	1		1
			多项选择题			2		2
			实务操作和案例分析题			8	14	
		2.4 中央分隔带及路肩施工	单项选择题		1			
			多项选择题					
			实务操作和案例分析题					
		2.5 路面工程质量通病及防治措施	单项选择题				1	
			多项选择题					
			实务操作和案例分析题			3	6	
	第3章 桥梁工程	3.1 桥梁构造与施工准备	单项选择题		1			
			多项选择题		2	2		
			实务操作和案例分析题					
		3.2 常用模板、支架和拱架设计与施工	单项选择题				2	
			多项选择题	2				
			实务操作和案例分析题	6				6
		3.3 钢筋、混凝土和钢结构施工	单项选择题	2	1	1		1
			多项选择题				2	
			实务操作和案例分析题	11	4		6	
		3.4 桥梁下部结构施工	单项选择题			1	1	1
			多项选择题	2				
			实务操作和案例分析题		5	14	4	

5

续表

命题点			题型	2020年(分)	2021年(分)	2022年(分)	2023年(分)	2024年(分)
第1篇 公路工程技术	第3章 桥梁工程	3.5 桥梁上部结构施工	单项选择题	1	1	1		
			多项选择题			2		
			实务操作和案例分析题			4	6	12
		3.6 桥面及附属工程	单项选择题					
			多项选择题					2
			实务操作和案例分析题					
		3.7 桥梁工程质量通病及防治措施	单项选择题					
			多项选择题					
			实务操作和案例分析题			6		
		3.8 桥梁工程改(扩)建	单项选择题					
			多项选择题					
			实务操作和案例分析题					
	第4章 隧道工程	4.1 隧道围岩分级与隧道构造	单项选择题					1
			多项选择题			2		
			实务操作和案例分析题	4	3			
		4.2 隧道地质超前预报和监控量测技术	单项选择题		1		1	
			多项选择题					
			实务操作和案例分析题					4
		4.3 隧道施工	单项选择题	2	1	2	1	1
			多项选择题					2
			实务操作和案例分析题	12	12	24	14	5

续表

命题点			题型	2020年（分）	2021年（分）	2022年（分）	2023年（分）	2024年（分）
第1篇 公路工程技术	第4章 隧道工程	4.4 特殊地段施工	单项选择题			1		
			多项选择题				2	
			实务操作和案例分析题		8			6
		4.5 隧道工程质量通病及防治措施	单项选择题					
			多项选择题	2	2			
			实务操作和案例分析题		3			
	第5章 交通工程	5.1 交通安全设施	单项选择题	1		1		
			多项选择题		2	2		
			实务操作和案例分析题				4	
		5.2 交通机电工程	单项选择题	1	1	1	2	1
			多项选择题	2			2	2
			实务操作和案例分析题					
第2篇 公路工程相关法规与标准	第6章 相关法规	6.1 公路建设法规体系和标准体系	单项选择题			1		
			多项选择题					
			实务操作和案例分析题					
		6.2 公路建设管理相关规定	单项选择题	1	1	2		
			多项选择题		2		2	
			实务操作和案例分析题			5		2
	第7章 相关标准	7.1 公路工程施工安全生产相关规定	单项选择题	1			1	
			多项选择题				2	
			实务操作和案例分析题			6		4

续表

命题点			题型	2020年（分）	2021年（分）	2022年（分）	2023年（分）	2024年（分）
第2篇 公路工程相关法规与标准	第7章 相关标准	7.2 公路工程质量管理相关规定	单项选择题					
			多项选择题					
			实务操作和案例分析题					
第3篇 公路工程项目管理实务	第8章 公路工程企业资质与施工组织	8.1 公路工程企业资质	单项选择题					2
			多项选择题					
			实务操作和案例分析题					
		8.2 施工项目管理机构	单项选择题					
			多项选择题					
			实务操作和案例分析题					
		8.3 施工组织设计	单项选择题	1				
			多项选择题				2	
			实务操作和案例分析题					2
	第9章 工程招标投标与合同管理	9.1 工程招标投标	单项选择题				1	
			多项选择题			2		
			实务操作和案例分析题				2	12
		9.2 工程合同管理	单项选择题				1	1
			多项选择题	2				
			实务操作和案例分析题	8	9	14		10
	第10章 施工进度管理	10.1 施工进度计划	单项选择题					
			多项选择题					2
			实务操作和案例分析题					

续表

命题点			题型	2020年（分）	2021年（分）	2022年（分）	2023年（分）	2024年（分）
第3篇 公路工程项目管理实务	第10章 施工进度管理	10.2 施工进度控制	单项选择题	1	2	1		1
			多项选择题					
			实务操作和案例分析题	4	6	5	4	
	第11章 施工质量管理	11.1 施工质量控制	单项选择题					
			多项选择题					
			实务操作和案例分析题					
		11.2 施工质量检验	单项选择题	1	1	2	1	1
			多项选择题			2		2
			实务操作和案例分析题			2	7	6
	第12章 施工成本管理	12.1 施工预算	单项选择题					1
			多项选择题					2
			实务操作和案例分析题					5
		12.2 施工成本管理内容与方法	单项选择题	1	1			
			多项选择题	2		2	2	
			实务操作和案例分析题				10	6
	第13章 施工安全管理	13.1 公路工程施工安全管理	单项选择题					2
			多项选择题					
			实务操作和案例分析题					
		13.2 安全管理双重预防机制	单项选择题	1	2	1	1	
			多项选择题				2	2
			实务操作和案例分析题	7	18	14	27	3

9

续表

命题点			题型	2020年（分）	2021年（分）	2022年（分）	2023年（分）	2024年（分）
第3篇 公路工程项目管理实务	第13章 施工安全管理	13.3 公路工程施工项目应急管理	单项选择题					
			多项选择题					
			实务操作和案例分析题					6
	第14章 绿色建造及施工现场环境管理	14.1 绿色施工	单项选择题					
			多项选择题					
			实务操作和案例分析题					
		14.2 施工现场环境管理	单项选择题				2	2
			多项选择题					
			实务操作和案例分析题	8			4	
	第15章 施工技术与设备管理	15.1 施工技术管理	单项选择题					1
			多项选择题			2		2
			实务操作和案例分析题	8		5		
		15.2 施工机械设备管理	单项选择题					
			多项选择题				2	
			实务操作和案例分析题		3			
合计			单项选择题	20	20	20	20	20
			多项选择题	20	20	20	20	20
			实务操作和案例分析题	120	120	120	120	120

2024年度全国一级建造师执业资格考试

《公路工程管理与实务》

真题及解析

微信扫一扫
查看本年真题解析课

2024年度《公路工程管理与实务》真题

一、单项选择题（共20题，每题1分。每题的备选项中，只有1个最符合题意）

1. 在土方路堑施工，最为常见的作业方式是以（　　）与运输车辆配合开挖。
    A. 推土机　　　　　　　　　B. 挖掘机
    C. 铲运机　　　　　　　　　D. 装载机

2. 下列防护类型中，属于骨架植物防护的是（　　）。
    A. 三维植物网　　　　　　　B. 干砌片石护坡
    C. 客土喷播　　　　　　　　D. 水泥混凝土空心块护坡

3. 下列路面结构，属于柔性基层的是（　　）。
    A. 乳化沥青碎石　　　　　　B. 碾压混凝土
    C. 水泥稳定土　　　　　　　D. 石灰工业废渣稳定土

4. 在水泥混凝土路面施工中，广泛采用的工程质量最高、施工速度最快、装备最现代化的高新成熟技术是（　　）。
    A. 小型机具　　　　　　　　B. 三辊轴机组
    C. 滑模摊铺　　　　　　　　D. 碾压混凝土

5. 下列属于低松弛力筋的张拉程序是（　　）。
    A. 0→初应力→σ_{con}（持荷5min锚固）
    B. 0→初应力→1.05σ_{con}（持荷5min锚固）→σ_{con}
    C. 0→初应力→1.05σ_{con}（持荷5min锚固）→0→σ_{con}
    D. 0→初应力→σ_{con}（持荷5min锚固）→0→σ_{con}（锚固）

6. 关于钢围堰设计与施工的说法，正确的是（　　）。
    A. 钢围堰内侧距承台边缘的净距宜不小于1.5m
    B. 钢围堰下沉至设计高程，在灌注封底混凝土前，应对河床面进行清理和整平
    C. 钢围堰结构应按最有利荷载组合进行强度、刚度及稳定性计算
    D. 钢围堰的混凝土封底厚度应根据桩周摩擦力、施工船舶或漂浮物撞击力等因素经计算后确定

7. 下列隧道洞门形式中，属于明洞式的是（　　）。
   A. 台阶式洞门　　　　　　　　　B. 拱墙式洞门
   C. 削竹式洞门　　　　　　　　　D. 翼墙式洞门

8. 关于喷射混凝土作业的说法，正确的是（　　）。
   A. 初喷混凝土可分多次施作
   B. 后一层应在前一层喷射混凝土终凝后进行
   C. 宜挂模喷射
   D. 收集混凝土回弹物，重新作喷射混凝土材料

9. 下列线路中，属于供配电线路的是（　　）。
   A. 视频传输线路　　　　　　　　B. 10kV 高压线路
   C. 通信线路　　　　　　　　　　D. 接地防雷线路

10. 三家企业资质分别是甲、乙、丙，组成联合体后按（　　）等级共同投标。
    A. 甲　　　　　　　　　　　　　B. 乙
    C. 丙　　　　　　　　　　　　　D. 丁

11. 关于资质等级的说法，正确的是（　　）。
    A. 公路工程设计综合资质等级分为甲级、乙级
    B. 公路行业设计资质等级分为甲级、乙级、丙级
    C. 隧道工程专业承包资质等级分为一级、二级
    D. 交通安全分项资质等级分为一级、二级

12. 下列合同文件中，除项目专用合同条款另有约定外，解释合同文件的优先顺序的最高级是（　　）。
    A. 合同协议书　　　　　　　　　B. 中标通知书
    C. 公路工程专用合同条款　　　　D. 通用合同条款

13. 开工前总承包单位向监理单位汇报总体工作进度计划时，需要提供（　　）的进度计划。
    A. 关键工程　　　　　　　　　　B. 重要分部工程
    C. 临时工程　　　　　　　　　　D. 危大工程

14. 下列项目中，属于沥青路面关键项目的是（　　）。
    A. 弯沉值　　　　　　　　　　　B. 压实度
    C. 平整度　　　　　　　　　　　D. 马歇尔稳定度

15. 下列属于施工场地建设费用的是（　　）。
    A. 试验室建设费　　　　　　　　B. 贯通便道
    C. 进出临时便道　　　　　　　　D. 拌合站设备安拆

16. 滑坡地段路基采用抗滑桩与挡土墙共同支挡时，应（　　）。
    A. 先做挡土墙后做抗滑桩
    B. 先做抗滑桩后做挡土墙

C. 同时施作抗滑桩和挡土墙

D. 交叉施作抗滑桩和挡土墙

17. 特种设备使用单位应在特种设备检验合格有效期届满前1个月向特种设备（   ）提出定期检验要求。

A. 生产单位　　　　　　　　　　B. 安全监督管理部门

C. 检验检测机构　　　　　　　　D. 安装单位

18. 公路工程"两区三厂"建设指的是（   ）。

A. 生活区，办公区，钢筋加工厂，预制厂，拌合厂

B. 封闭区，办公区，钢筋加工厂，预制厂，拌合厂

C. 生活区，封闭区，钢筋加工厂，预制厂，拌合厂

D. 办公区，生产区，钢筋加工厂，预制厂，拌合厂

19. 施工便道穿过通道时，应设置（   ）警告标志。

A. 限速、限高　　　　　　　　　B. 限载、限宽

C. 限速、限载　　　　　　　　　D. 限宽、限高

20. 关于导线复测的说法，正确的是（   ）。

A. 设计单位交桩的导线点，施工单位不能改移

B. 同一项目的导线测量精度只能选用唯一等级的精度要求

C. 同一建设项目内相邻施工段的导线可以不闭合

D. 本标段的起点与终点应与邻标段共用同一条基线

二、多项选择题（共10题，每题2分。每题的备选项中，有2个或2个以上符合题意，至少有1个错项。错选，本题不得分；少选，所选的每个选项得0.5分）

21. 当地下水埋藏较深或存在固定含水层时，可采用（   ）。

A. 排水垫层　　　　　　　　　　B. 排水隧洞

C. 渗井　　　　　　　　　　　　D. 渗沟

E. 仰斜式排水孔

22. 水泥混凝土路面施工中应采用的模板有（   ）。

A. 槽钢模板　　　　　　　　　　B. 木模板

C. 塑料模板　　　　　　　　　　D. 轨模

E. 钢制边模

23. 关于钢桥面铺装施工的说法，正确的有（   ）。

A. 铺装前宜做试验段

B. 铺装前应喷丸或抛丸除锈并作防锈处理

C. 桥面铺装宜避开雨期施工

D. 可采用钻孔法检测钢桥面沥青混凝土铺装质量

E. 铺装层完工后，应规定严禁车辆通行的时限

24. 隧道开挖方法转换应符合的要求有（   ）。

3

A. 转换前应进行围岩级别核对

B. 转换前无需进行技术交底

C. 支护变弱应在较好的围岩段中进行

D. 转换过程中各开挖分部的支护应及时闭合

E. 转换应迅速过渡

25. 下列系统中,属于交通机电工程监控系统的有（   ）。

A. 公路收费系统　　　　　　B. 火灾自动报警系统

C. 隧道通风控制系统　　　　D. 沉降观测系统

E. 电力监控系统

26. 下列公路工程施工进度计划类型中,以时间为横坐标或横轴绘制的进度计划有（   ）。

A. 垂直图　　　　　　　　　B. "S"曲线图

C. 横道图　　　　　　　　　D. 斜率图

E. 单代号网络图

27. 下列交通标线质量检验实测项目中,属于关键项目的有（   ）。

A. 标线线段长度　　　　　　B. 标线宽度

C. 标线厚度　　　　　　　　D. 抗滑值

E. 逆反射亮度系数

28. 下列材料费用中,属于材料预算价格组成的有（   ）。

A. 运杂费　　　　　　　　　B. 场外运输损耗费

C. 场内运输损耗费　　　　　D. 采购及保管费

E. 材料增值税

29. 根据《公路工程建设项目施工安全重大事故隐患基础清单（试用）》,下列安全事故隐患中,属于施工驻地及场站建设环节重大事故隐患的有（   ）。

A. 在门式起重机倾覆影响范围内设置员工宿舍

B. 项目部驻地与高压电力线的安全距离不足

C. 未按照专项施工方案组织施工

D. 预制梁存放时未采取有效的支撑措施

E. 办公板房所用材料的燃烧性能等级未达到A级

30. 关于公路工程施工方案编制、会审及专家论证的说法,正确的有（   ）。

A. 专家论证会应当由业主组织召开

B. 施工方案会审必须审查编制依据是否符合要求

C. 施工方案会审必须审查工程实施的资源配置是否合理

D. 对重大施工方案,应由项目技术负责人组织编制,中标单位技术管理部门组织审核,由中标单位技术负责人审批

E. 专家论证主要内容应包括安全施工的基本条件是否满足现场实际情况

三、实务操作和案例分析题［共5题,（一）、（二）、（三）题各20分,（四）、（五）题各30分］

（一）

背景资料：

某施工单位承建31km的一级公路路基工程（重交通），包括路堤填筑、路堑开挖、半填半挖路基施工、路基支挡与防护砌筑等工作内容。其中，K2+300~K2+672为半填半挖路基，其典型横断面示意图如图1所示，浆砌片石挡土墙高度2.8~4.1m，该地段土质为碎石土。

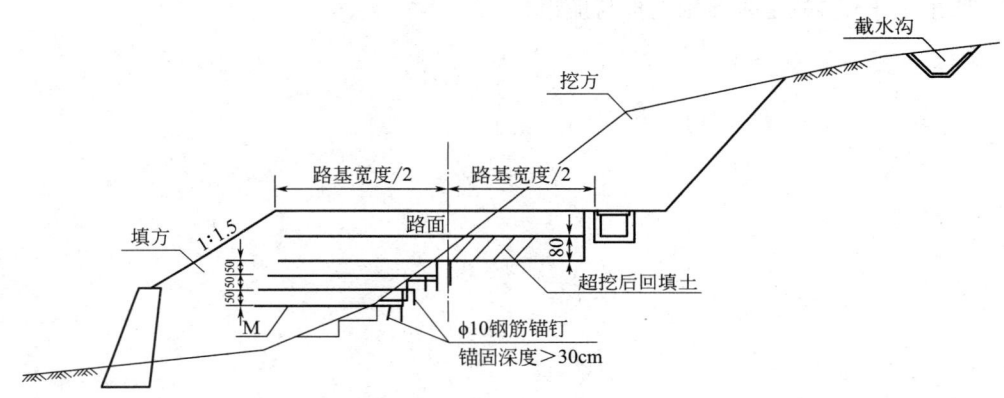

图1 半填半挖路基典型横断面示意图

施工过程中发生以下事件：

事件1：施工单位向监理单位提交的施工方案部分内容如下：

（1）半填半挖路段的开挖，必须待半填断面的原地基处理好并经检验合格后，方可开挖半挖断面。对挖方中非适用材料必须废弃，严禁填在半填断面内。

（2）原地面坡度为1∶5~1∶2.5的半填半挖路基，填方部分应按设计要求开挖台阶，台阶高度不小于规范值，内倾坡度4%，以防出现纵向开裂。

（3）挖方部分按要求对路面下80cm范围的原状土进行超挖回填处理，确保压实度达95%，以减少路基差异变形。

（4）填筑时，必须从低处往高处分层摊铺碾压，特别要注意填、挖交界处的拼接，碾压做到密实无拼痕。

事件2：挡土墙施工内容包括：A—基坑质检；B—基坑开挖；C—基础施工；D—墙身砌筑；E—墙背回填；F—伸缩缝与沉降缝施工。

事件3：在挡土墙墙背回填过程中，2024年1月23日13时21分发生坍塌事故。事故现场的项目经理立即拨打110与120急救电话，并展开救援。14点37分项目经理向本单位负责人报告发生了9人伤势可能较重、4人伤势可能较轻的挡土墙坍塌生产安全事故，同时汇报了现场救援的基本情况。单位负责人接到报告后，于14点55分向事故发生地县级以上人民政府应急管理部门和负有安全生产监督管理职责的有关部门如实进行了报告。事故调查报告组最终确认事故造成10人重伤，3人轻伤，直接经济损失380万元。

问题：

1. 写出图1中构造物M的名称。图1中已标出的各组成部位中，首先应施工哪个部位？
2. 逐条判断事件1中的施工方案是否正确。若不正确，写出正确施工方案。
3. 该路段挡土墙施工是否需要搭设脚手架？若要搭设脚手架，该脚手架是否单独计量？
4. 写出事件2中挡土墙施工工序（写出代号即可，如CDE）。
5. 写出事件3中的生产安全事故等级。根据《生产安全事故报告和调查处理条例》，项目经理对该坍塌事故是否涉嫌迟报与谎报？

（二）

背景资料：

某双向四车道高速公路山岭隧道，地质岩性为板岩，岩体节理较发育，地下水不发育。施工中采用的开挖方法：Ⅲ级围岩采用全断面法；Ⅳ级围岩采用二台阶法；Ⅴ级围岩采用环形开挖预留核心土法，其施工工序示意图如图2所示。支护采用复合式衬砌。隧道穿越区域存在煤系地层，其起讫桩号K18+427~K18+440。根据设计文件，该隧道绝对瓦斯涌出量最大值为1.5m³/min。

施工过程中发生以下事件：

事件1：穿越煤系地层时，地质超前预报单位对隧道实施地质超前预报时，以地质调查法为基础，以M预报方法为主，结合物探法进行预报。每次预报长度为50m。

事件2：当隧道施工到K18+430时，测得掌子面回风流附近瓦斯浓度为0.45%，实测最大风速为0.25m/s。项目部的做法如下：

（1）爆破作业中，采用煤矿许用的炸药和煤矿许用的电雷管，并进行反向装药。

（2）爆破网路采用串、并联连接方式。

（3）钻孔、装药时，采取了不间断通风。

（4）通风机设置了两路专用电源，并装设了风电闭锁装置。

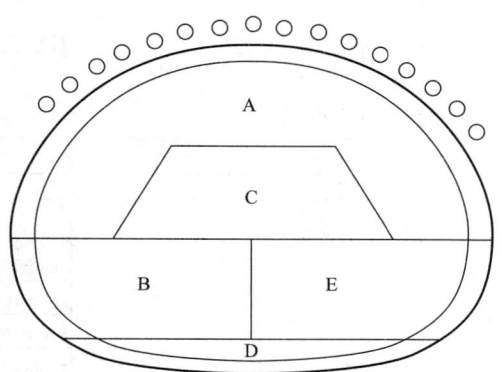

注：A—环形导坑开挖；B—下台阶左侧开挖；
C—上部核心土开挖；D—仰拱开挖；
E—下台阶右侧开挖

图2　环形开挖预留核心土法施工工序示意图

事件3：施工企业在对项目专项安全检查时，发现以下安全生产事故隐患：（1）隧道内装载机未安装倒车影像装置。（2）仰拱未及时封闭成环。（3）初期支护连续2榀拱架双侧拱脚同时悬空。

问题：

1. 写出事件1中M预报方法的名称。按照地质超前预报长度划分，该隧道地质超前预报属于哪一类？

2. 根据图2，写出环形开挖预留核心土法的正确开挖顺序（写出代号即可，如ABC……）。写出D工序的紧后工序。

3. 根据背景资料，该隧道为哪类瓦斯隧道？逐条判断事件2中项目部的做法是否正确。若不正确，写出正确做法。

4. 写出事件3中的重大事故隐患［写出编号即可，如（1）……］，并写出其易引发的事故类型。判断事件3中专项安全检查的费用是否在安全生产费用中列支。

（三）

背景资料：

某施工单位承建10km双向四车道高速公路沥青路面工程，所处路段横断面形式为半填半挖和路堑，当地年降水量为650mm。沥青路面结构示意图如图3所示，其中路面基层施工采用42.5强度等级的普通硅酸盐水泥，通过重型击实试验可知，水泥稳定级配碎石混合料的最大干密度为2.35g/cm³，压实度标准采用98%。

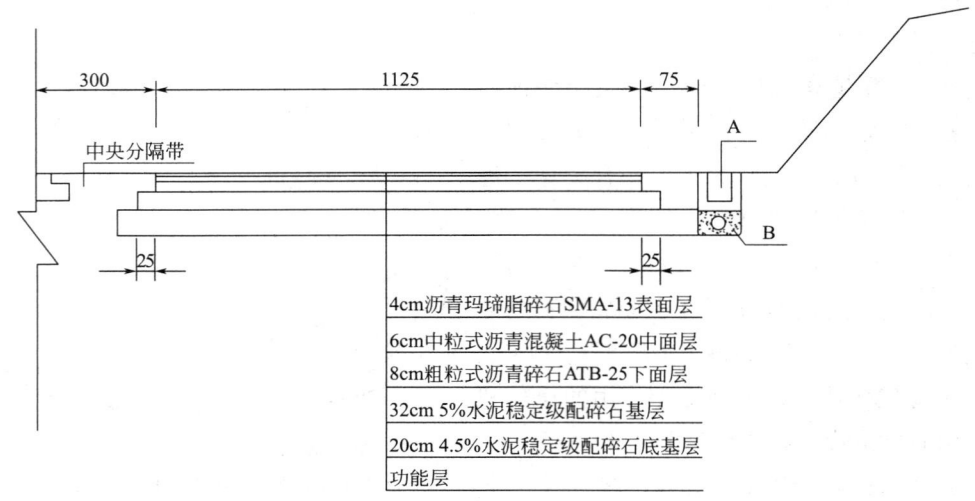

图3 沥青路面结构示意图（单位：cm）

施工过程中发生以下事件：

事件1：施工单位对基层水泥稳定级配碎石材料的组成进行设计工作，依据《公路路面基层施工技术细则》JTG/T F20—2015进行生产配合比设计，包括的内容有：确定料仓供料比例；确定混合料的最佳含水率、最大干密度。

事件2：施工单位在组织实施沥青面层施工时，采取了以下做法：

（1）由于施工单位认为下面层施工在人员、材料、机械设备及施工方案等方面与以往本单位承担的其他类似工程完全相同，因此决定利用其经验和结果，不再铺筑新的下面层试验路段，并报监理单位审批。

（2）沥青混合料的运输，主要根据拌合站的产量和当地气温条件合理安排运输车辆，车辆的车厢内保持干净，涂防粘薄膜剂，运输过程中覆盖棚布。

（3）采用两台摊铺机一前一后梯进式施工作业，两台摊铺机的纵向间距控制在30~50m，两幅横向有50~100mm宽度的重叠，且摊铺过程中随时检查高程、摊铺厚度、摊铺质量。

事件3：施工单位（承包人）根据招标投标文件和交通运输部发布的《公路工程施工分包管理办法》，将本工程的沥青路面面层摊铺施工分包给了符合要求的分包人，承包人还与劳务合作公司签订了劳务合作合同。工程竣工后，分包人以及劳务合作公司均向承包人和发包人提出申请施工分包业绩证明的要求。

问题：
1. 写出图3中A、B构造物的名称。
2. 计算路面基层施工需要备料的水泥量（单位：t，计算结果保留整数）。
3. 补充事件1中生产配合比设计还应包含的其他两项技术内容。
4. 逐条判断事件2中的做法是否正确。若不正确，写出正确做法。
5. 承包人和发包人对分包人和劳务合作公司提出申请施工分包业绩证明的要求是否支持？若不支持说明理由。另分包人和劳务合作公司各自承担工作的施工方案分别由谁负责编制？

（四）

背景资料：

某施工单位承建了某跨海桥梁工程，全长6.8km，单幅桥宽16.5m，非通航孔桥为50m和70m跨径的连续梁桥，上部结构为等截面预应力混凝土箱梁，通航孔桥为80m+166m+168m+80m四跨一联的连续刚构桥，上部结构为变截面预应力混凝土箱梁。为减少海上作业时间，全线上部结构采用节段预制拼装施工工艺，节段梁在预制厂集中预制，存放3个月后，采用驳船运至现场进行安装，通航孔桥节段梁预制模板系统示意图如图4所示。

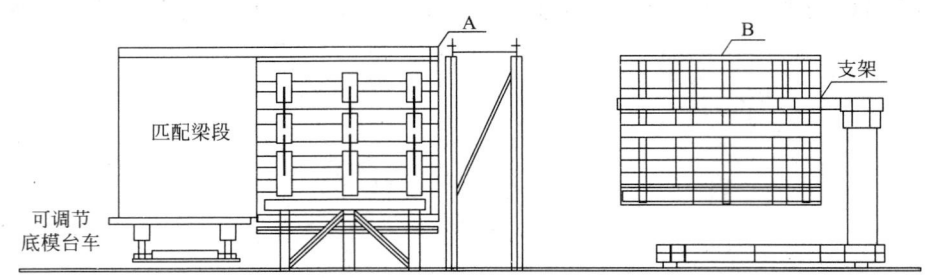

图4 通航孔桥节段梁预制模板系统示意图

施工过程中发生以下事件：

事件1：通航孔桥主墩0号采用大直径钢管立柱+型钢梁支架法现浇，钢管立柱支撑在承台顶面。1号节段是第1块预制节段，采用浮吊安装，其他节段梁采用桥面吊机悬臂拼装，边跨无法采用悬臂拼装的节段梁采用水中钢管桩+贝雷梁支架法配合浮吊拼装，该处水深15m，河床40m厚度范围内的地层依次为淤泥、淤泥质黏土、粉质黏土和圆砾土。

事件2：桥面吊机悬臂拼装工艺流程如下：吊机安装及调试→梁端就位→X→节段胶层涂抹→Y→胶结层养护固化→悬拼预应力钢束张拉→吊机解钩，前移至下一节段施工。施工前施工单位就施工荷载对桥面吊机进行了强度验算，且安全系数不小于2。

事件3：预应力钢束加工和张拉基本要求如下：

（1）同一截面预应力筋接头面积不超过预应力筋总面积的30%，接头质量应符合施工技术规范的规定。

（2）锚固后预应力筋应采用电弧切割，外露长度符合设计要求。施工单位对后张法的5项实测项目进行检测，其中有管道间距、管道坐标、张拉应力值、张拉伸长率等。

事件4：在合同段施工专项应急预案或现场处置方案的基础上，施工项目宜针对工作岗位的特点编制C卡。项目综合应急预案、合同段施工专项应急预案和现场处置方案之间应相互衔接，项目综合应急预案还应与本单位的上级部门、D和E等相关单位的应急预案相衔接，合同段施工专项应急预案应与本企业的应急预案相衔接。

施工单位按照分级属地原则，向属地有关部门进行告知性备案。备案提交的材料有：应急预案备案申报表、应急预案评审或者论证意见、应急预案文本及电子文档。有关部门以资料内容不足为由，告知施工单位补全资料内容。

问题：

1. 写出图4中模具A、B的名称，图4中节段梁采用的是哪种预制法？

2. 事件1中，0号块支架和边跨支架安装完成后是否需要进行预压？分别写出理由。

3. 写出事件2中工序X、Y的名称。施工单位还应对桥面吊机进行哪些验算？

4. 逐条改正事件3中预应力钢束加工和张拉基本要求中的错误。补充未列出的一项实测项目，并写出实测项目中的两项关键项目。

5. 写出事件4中C的名称，D、E分别是指什么部门？应急预案备案时，还应补充哪些内容？

（五）

背景资料：

某施工单位投标了新建高速公路工程一标段，全线为整体式路基。根据该工程招标文件以及《公路工程标准施工招标文件》《公路工程建设项目概算预算编制办法》《公路工程预算定额》等资料编制了投标报价，路基工程部分清单子目单价分析数据见表1，其中203-1-a路基挖土方子目机械使用费中机上人员工资占比为"15%"，规费率为36%。

表1 路基工程部分清单子目单价分析数据表（费用单位：元）

序号	子目号	子目名称	单位	数量	人工费	材料费	机械使用费	措施费	企业管理费	利润	规费	税金	安全生产费
1	203-1-a	路基挖土方	m³	1	0.8	0	16.5	0.9	1.7	1.4	A	—	—
2	204-1-a	利用土方路基填筑	m³	1	—	—	—	—	—	—	—	—	—
3	207-1-a	M10浆砌石路堤型排水沟	m³	1	40.6	225	12.3	3.6	24.6	10.3	43.1	—	5.4

施工单位中标后按期开展施工，施工过程中发生以下事件：

事件1：路基施工时恰逢雨期，施工单位编制了雨期施工方案，部分施工要求如下：

（1）雨期路基施工地段一般应选择碎砾石、岩石等地段施工。

（2）雨期开挖路堑，当挖至路床顶面以上300~500mm时应停止开挖，并在两侧挖好临时排水沟，待雨期过后再施工。雨期开挖岩石路基，炮孔至45°角倾斜设置。利用挖方土作填料，含水率符合要求时，应随挖随填，及时压实。

（3）每一填筑层表面应做成2%~4%单向路拱横坡以利于排水，高出设计洪水位0.5m以下部位应选用透水性好、饱水强度高的填料分层填筑。

事件2：该工程部分路堤为中硬岩石的石混填，施工单位按照试验路段确定的工艺流程、工艺参数进行施工，对每一层压实层的压实质量用B指标进行了检测，每填高约3m检测了路线中线偏位和C指标。

事件3：某段路基工程施工完成后，施工单位向监理工程师提交了工程量清单计量申请。该段路基填筑均为利用土方填筑，其中高路堤填筑及排水沟开挖横断面示意图如图5所示。

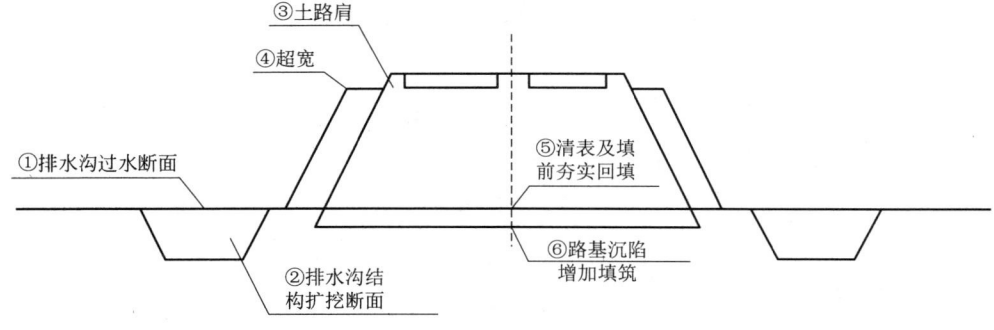

图5 高路基填筑及排水开挖横断面示意图

问题：

1. 计算 A 的大小和 M10 浆砌石路堤型排水沟的综合单价（保留 1 位小数）。
2. 补充雨期施工的地段。
3. 找出事件 1 中的 2 处错误，请改正。
4. 补充事件 2 中 B 和 C。
5. 事件 3 中的土方量，应按什么标准来计量？

2024年度真题参考答案及解析

一、单项选择题

1. B;	2. D;	3. A;	4. C;	5. A;
6. B;	7. C;	8. B;	9. B;	10. C;
11. D;	12. A;	13. A;	14. B;	15. A;
16. B;	17. C;	18. A;	19. D;	20. D。

【解析】

1. B。本题考核的是机械开挖作业方式。土质路堑施工机械开挖作业方式有：

（1）推土机开挖土质路堑作业。推土机开挖土方由切土、运土、卸土、倒退（或折返）、空回等过程组成一个循环。影响作业效率的主要因素是切土和运土两个环节，因此必须以最短的时间和距离切满土，并尽可能减少土在推运过程中的散失。推土机开挖土质路堑作业方法与填筑路基相同的有下坡推土法、槽形推土法、并列推土法、接力推土法和波浪式推土法，另有斜铲推土法和侧铲推土法。

（2）挖掘机开挖土质路堑作业。公路工程施工中以单斗挖掘机与运输车辆配合开挖土方路堑最为常见。故选项 B 正确。

2. D。本题考核的是骨架植物防护。植物防护包括：种草、铺草皮、客土喷播、植生袋、三维植物网、植树等，故选项 A、C 错误。骨架植物防护：浆砌片石（或混凝土）骨架植草、水泥混凝土空心块护坡、锚杆混凝土框架植草，故选项 D 正确。工程防护：喷浆、喷射混凝土、干砌片石护坡、浆砌片（卵）石护坡、浆砌石护面墙、锚杆钢丝网喷浆或喷射混凝土护坡、封面、捶面，故选项 B 错误。

3. A。本题考核的是柔性基层。沥青稳定基层（底基层）又称柔性基层（底基层），包括热拌沥青碎石、贯入式沥青碎石、乳化沥青碎石混合料基层（底基层）等。碾压混凝土是采用沥青路面的主要施工机械将单位用水量较少的干硬性混凝土摊铺、碾压成型的一种路面。半刚性基层包括：（1）水泥稳定土；（2）石灰稳定土；（3）石灰工业废渣稳定土。

4. C。本题考核的是水泥混凝土路面施工。小型机具施工工艺是水泥混凝土路面施工的传统方式，技术简单成熟、施工便捷、不需要大型设备、主要靠人工，故选项 A 错误。三辊轴机组施工工艺的机械化程度适中，设备投入少，技术容易掌握，故选项 B 错误。滑模摊铺是采用滑模摊铺机铺筑水泥混凝土面层的施工工艺。已经成为我国在高等级公路水泥混凝土路面施工中广泛采用的工程质量最高、施工速度最快、装备最现代化的高新成熟技术，故选项 C 正确。碾压混凝土是采用沥青路面的主要施工机械将单位用水量较少的干硬性混凝土摊铺、碾压成型的一种路面。碾压混凝土采用的是沥青摊铺机或灰土摊铺机，碾压密实成型工艺是将干硬性混凝土技术和沥青路面摊铺技术结合起来的复合技术，故选项 D 错误。

5. A。本题考核的是后张法预应力筋张拉程序。后张法预应力筋张拉程序见表2。

表 2 后张法预应力筋张拉程序

锚具和预应力筋种类		张拉程序
夹片式等具有自锚性能的锚具	钢绞线束、钢丝束	低松弛力筋：0→初应力→σ_{con}（持荷 5min 锚固）
其他锚具	钢绞线束	0→初应力→1.05σ_{con}（持荷 5min）→σ_{con}（锚固）
	钢丝束	0→初应力→1.05σ_{con}（持荷 5min）→0→σ_{con}（锚固）
螺母锚固锚具	热轧带肋钢筋	0→初应力→σ_{con}（持荷 5min）→σ_{con}（锚固）

先张法预应力筋的张拉程序见表3。

表 3 先张法预应力筋张拉程序

预应力筋种类		张拉程序
钢丝、钢绞线	夹片式等具有自锚性能的锚具	低松弛预应力筋：0→初应力→σ_{con}（持荷 5min 锚固）
	其他锚具	0→初应力→1.05σ_{con}（持荷 5min）→0→σ_{con}（锚固）
热轧带肋钢筋		0→初应力→1.05σ_{con}（持荷 5min）→0.9σ_{con}→σ_{con}（锚固）

6. B。本题考核的是钢围堰施工。钢围堰在灌注封底混凝土前，应将桩身和堰壁上附着的泥浆冲洗干净，经检验合格后方可进行封底混凝土的施工。

7. C。本题考核的是明洞式洞门。公路隧道的洞门形式主要有两类，即：端墙式洞门和明洞式洞门。端墙式洞门包括：墙式洞门、翼墙式洞门、台阶式洞门、柱式洞门、拱墙式洞门，故选项 A、B、D 错误。明洞式洞门包括：直削式洞门、削竹式洞门、倒削竹式洞门、喇叭口式洞门、棚洞式洞门和框架式洞门，故选项 C 正确。

8. B。本题考核的是喷射混凝土作业应符合的规定。喷射混凝土作业应符合的规定有：（1）宜采用湿喷工艺。（2）应直接喷在围岩面上，与围岩密贴，受喷面不得填塞杂物。（3）应按初喷和复喷混凝土分别进行，复喷混凝土可分层多次施作，故选项 A 错误。（4）应分段、分片、分层由下而上顺序进行喷射，拱部喷射混凝土应对称作业。（5）初喷混凝土厚度宜控制在 20~50mm。岩面有较大凹洼时，可结合初喷找平。（6）复喷根据喷射混凝土设计厚度、喷射部位和钢架、钢筋网设置情况，可采用一次作业或分层作业。拱顶每次复喷不宜大于 100mm，边墙每次复喷厚度不宜大于 150mm，复喷最小厚度不宜小于 50mm。（7）后一层应在前一层喷射混凝土终凝后进行。若终凝后初喷混凝土表面已蒙上粉尘时，后一层喷射混凝土作业前，受喷面应吹洗干净，故选项 B 正确。（8）未掺入速凝剂的混合料存放时间不宜大于 2h。（9）喷射喷嘴宜垂直岩面，喷枪头到受喷面的距离宜为 0.6~1.5m。喷射机工作压力宜根据混凝土坍落度、喷射距离、喷射机械、喷射部位确定，可先在 0.2~0.7MPa 选择，并根据现场试喷效果调整。（10）不得挂模喷射，故选项 C 错误。（11）混凝土回弹物不得重新作喷射混凝土材料，故选项 D 错误。

9. B。本题考核的是供配电线路。（1）供配电线路按电压等级可分为 10kV 高压线路、380/220V 低压配电线路；按传输介质可分为架空电线路和电缆线路，故选项 B 正确。

(2) 公路低压配电一般采用电缆线路，10kV高压可采用架空电线路或电缆线路，一般电缆线路沿公路施工敷设较方便，但价格较高、投资大。

10. C。本题考核的是企业资质联合体。《中华人民共和国招标投标法》规定：两个以上法人或者其他组织可以组成一个联合体，以一个投标人的身份共同投标。

联合体各方均应当具备承担招标项目的相应能力；国家有关规定或者招标文件对投标人资格条件有规定的，联合体各方均应当具备规定的相应资格条件。由同一专业的单位组成的联合体，按照资质等级较低的单位确定资质等级。

11. D。本题考核的是资质等级。工程设计综合资质只有一个级别，工程设计综合甲级资质，故选项A错误。公路行业设计资质只有一个级别，甲级资质，故选项B错误。隧道工程专业承包企业等级分为一级资质、二级资质、三级资质，故选项C错误。公路交通工程专业承包企业承包工程范围见表4。

表4 公路交通工程专业承包企业承包工程范围

序号	分项	企业等级	承包工程范围
1	公路安全设施分项	一级资质	可承担各级公路标志、标线、护栏、隔离栅、防眩板等公路安全设施工程的施工及安装
2	公路安全设施分项	二级资质	可承担一级以下公路标志、标线、护栏、隔离栅、防眩板等公路安全设施工程的施工及安装
3	公路机电工程分项	一级资质	可承担各级公路通信、监控、收费、干线传输系统，移动通信系统，光(电)缆敷设工程、紧急电话系统，交通信息采集系统，信息发布系统，中央控制系统，供电、照明、智能交通管理等机电系统及配套工程系统的施工及安装；公路桥梁及隧道工程健康监测、通风、通信管道等机电系统及配套设备的施工及安装
4	公路机电工程分项	二级资质	可承担一级以下公路通信、监控、收费、干线传输系统，移动通信系统，光(电)缆敷设工程、紧急电话系统，交通信息采集系统，信息发布系统，中央控制系统，供电、照明、智能交通管理等机电系统及配套工程系统的施工及安装

12. A。本题考核的是解释合同文件优先级。除项目专用合同条款另有约定外，解释合同文件的优先顺序如下：(1) 合同协议书及各种合同附件（含评标期间和合同谈判过程中的澄清文件和补充资料）；(2) 中标通知书；(3) 投标函及投标函附录；(4) 项目专用合同条款；(5) 公路工程专用合同条款；(6) 通用合同条款；(7) 工程量清单计量规则；(8) 技术规范；(9) 图纸；(10) 已标价工程量清单；(11) 承包人有关人员、设备投入的承诺及投标文件中的施工组织设计；(12) 其他合同文件。

13. A。本题考核的是总体性进度计划。(1) 总体性进度计划。在中标通知书发出后合同规定的时间内，承包人应向监理工程师书面提交以下文件：一份详细和格式符合要求的工程总体进度计划及必要的各项关键工程的进度计划；一份有关全部支付的现金流动估算；一份有关施工方案和施工方法的总说明（即通过施工组织设计提出）。(2) 阶段性进度计划。在将要开工以前或在开工以后合理的时间内，承包人应向监理工程师提交以下文件：年、月（季）度进度计划及现金流动估算和分项（或分部）工程的进度计划。

14. B。本题考核的是沥青路面关键项目。沥青混凝土面层和沥青碎（砾）石面层实测项目：矿料级配（△）、沥青含量（△）、马歇尔稳定度、压实度（△）、平整度、弯沉值、渗水系数、摩擦系数、构造深度、厚度（△）、中线平面偏位、纵断高程宽度及横坡。标记"△"的为关键项目。

15. A。本题考核的是施工场地建设费。施工场地建设费是按照工地建设标准化要求进行承包人驻地，工地试验室建设，办公、生活居住房屋和生产用房屋等费用；场区平整、场地硬化、排水、绿化、标志、污水处理设施、围墙隔离设施等费用，以及以上范围内各种临时工作便道、人行便道、工地临时用水、用电的水管支管和电线支线，临时构筑物、其他小型临时设施等的搭设或租赁、维修、拆除及清理的费用。工地试验室所发生的属于固定资产的试验设备和仪器等折旧、维修或租赁费用以及施工扬尘污染防治措施费和文明施工、职工健康生活的费用，但不包括红线范围内贯通便道、进出场的临时便道保通便道费用。

16. B。本题考核的是滑坡地段路基的安全管理措施。滑坡地段路基的安全管理措施有：（1）路基施工应加强对滑坡区内其他工程和设施的保护。滑坡区内有河流时，施工不得使河流改道或压缩河道。（2）滑坡影响范围应设安全警示标志，根据现场情况设置围挡等防护措施。（3）滑坡影响范围内不得设置临时生产、生活设施或停放机械、堆放机具等。（4）施工前应先做好截、排水设施，并应随开挖随铺砌。施工用水不得浸入滑坡地段。（5）滑坡体上开挖路基和修筑抗滑支挡构筑物时，应分段跳槽开挖，不得大段拉槽开挖，并随挖、随砌、随填、随务；开挖与砌筑时应加强支撑和临时锚固，并监测其受力状态；采用抗滑桩与挡土墙共同支挡时，应先做抗滑桩后做挡土墙，故选项 B 正确。（6）冰雪融化期不得开挖滑坡体，雨后不得立即施工，夜间不得施工。

17. C。本题考核的是特种设备定期检验。特种设备使用单位应在特种设备检验合格有效期届满前 1 个月向特种设备检验检测机构提出定期检验要求（各特种设备的检验日期可从检验报告、合格标志查看）。

18. A。本题考核的是公路工程"两区三厂"建设。两区指的是：办公区、生活区建设（办公区、生活区可统称为项目经理部驻地）。

三厂指的是：预制厂（公路工程预制厂一般分预制梁厂和小型构件预制厂）、钢筋加工厂、拌合厂（站）（在公路工程中设置的拌合站分水泥混凝土拌合站、沥青混合料拌合站和稳定土拌合站）。

19. D。本题考核的是警告标志。便道路口应设置限速标志，与建筑物、城市道路转角、视线不良地段应设置明示标志，跨越（邻近）道路施工应设置警告标志，道路危险段应设置防护及警告标牌。途经小桥，应设置限载、限宽标志；途经通道，应设置限宽、限高警告标志。路线明显变化处、便道平面交叉处，应设置指路和警告标志。

20. D。本题考核的是导线复测。导线复测：（1）导线测量精度应满足各等级的精度要求，故选项 B 错误。（2）原有导线点不能满足施工需要时，可增设满足相应精度要求的附合导线点。标段的起点与终点应选择相邻标段共用同一条基线，故选项 D 正确。（3）同一建设项目内相邻施工段的导线应闭合，并满足同等级精度要求，故选项 C 错误。（4）对可能受施工影响的导线点,施工前应加以固定或改移,从开工至竣工验收的时间段内应保证其精度,故选项 A 错误。

二、多项选择题

21. B、C、E；　　　　　22. A、D、E；　　　　　23. A、B、C、E；
24. A、C、D；　　　　　25. B、C、E；　　　　　26. B、C、D；
27. C、E；　　　　　　　28. A、B、D；　　　　　29. A、B、E；
30. B、C、D、E。

【解析】

21. B、C、E。本题考核的是路基地下水排水。当地下水埋藏浅或无固定含水层时,可采用排水垫层、隔离层、暗沟、渗沟等,故选项 A、D 错误。当地下水埋藏较深或存在固定含水层时,可采用仰斜式排水孔渗井、排水隧洞等,故选项 B、C、E 正确。

22. A、D、E。本题考核的是水泥混凝土路面施工应采用的模板。模板及其架设与拆除施工技术:(1)施工模板应采用刚度足够的槽钢、轨模或钢制边侧模板,不应使用木材、塑料等易变形模板。(2)支模前在基层上应进行安装及摊铺位置的测量放样,核对路面标高、面板分板、胀缝和构造物位置。(3)纵横曲线路段应采用短模板,每块横板中点应安装在曲线切点上。(4)模板安装应稳固、平顺、无扭曲,应能承受摊铺、振实、整平设备的负载行进,冲击和振动时不发生位移。(5)模板与混凝土拌合物接触表面应涂隔离剂。(6)模板拆除应在混凝土抗压强度不小于 8.0MPa 方可进行。

23. A、B、C、E。本题考核的是钢桥面铺装施工。钢桥面铺装应符合的规定:(1)钢桥面铺装的结构层、厚度、材料等应符合设计的规定。(2)钢桥面铺装施工前应制定专项施工方案,并应做好人员培训、材料的调查试验以及机具设备的检查维护等准备工作。(3)钢梁顶面在出厂时应按设计要求涂防锈漆,桥面铺装前应喷丸或抛丸除锈并作防锈处理,故选项 B 正确。(4)铺装前宜做试验段,试验段的铺设应包括钢桥面铺装的全部工序,故选项 A 正确。(5)铺装应连续进行;上一层铺装前,其下层应保持干燥、整洁,不得有尘土、杂物、油污或损坏,不符合要求时应予处理。完工后的铺装层应规定严禁车辆通行的时限,故选项 E 正确。(6)钢桥面铺装宜避开雨期施工,一旦遇雨应立即停工。只有消除雨水所带来的危害后,方可重新施工。钢桥面铺装亦不宜在夜间施工,故选项 C 正确。(7)应采用无损检测法检测钢桥面沥青混凝土铺装质量,不得采用钻孔法,故选项 D 错误。

24. A、C、D。本题考核的是隧道开挖方法转换应符合的要求。开挖方法转换应符合的要求有:(1)转换前应进行围岩级别核对,确认开挖方法和支护参数适用于前方围岩。(2)分部断面变大、支护变弱应在较好的围岩段中进行。(3)转换前应进行技术交底。(4)转换应逐渐过渡。(5)转换过程中各开挖分部应及时支护,及时闭合。

25. B、C、E。本题考核的是交通机电工程监控系统。监控系统按其功能可分为九个子系统:交通(信号)监控子系统、视频监控子系统、调度(指令)电话子系统、火灾自报警子系统、隧道通风控制子系统、隧道照明控制子系统、电力监控子系统、隧道紧急电话子系统、隧道广播子系统。其中交通（信号）监控、视频监控、调度（指令）电话、火灾自动报警、隧道紧急电话、隧道广播为独立的子系统，隧道通风控制、隧道照明控制、电力监控在逻辑构成上相对独立，在系统构成上则可以合在一起。

26. B、C、D。本题考核的是公路工程施工进度计划类型。

垂直图是以公路里程或工程位置为横轴，以时间为纵轴，而各分部（项）工程的施工进度则相应地以不同的斜线表示，故选项 A 错误。

"S"曲线图是以时间为横轴，以累计完成的工程费用的百分数为纵轴的图表化曲线，故选项 B 正确。

横道图是以时间为横坐标，以各分部（项）工程或工作内容为纵坐标，按一定的先后施工顺序，用带时间比例的水平横线表示对应工作内容持续时间的进度计划图表，故选项 C 正确。

斜率图是以时间（月份）为横轴，以累计完成的工程量的百分数为纵轴，将分项工程的施工进度相应地用不同斜率表示的图表化曲（折）线，故选项 D 正确。

网络图是指由箭线和节点组成的，用来表示各项工作及其逻辑联系的有向、有序的网状图形，故选项 E 错误。

27. C、E。本题考核的是交通标线实测项目的关键项目。交通标线实测项目：标线线段长度、标线宽度、标线厚度（△）、标线横向偏位、标线纵向间距、逆反射亮度系数（△）、抗滑值。标记"△"的为关键项目。

28. A、B、D。本题考核的是材料预算价格。材料费是指施工过程中耗用的构成工程实体的各种原材料、辅助材料、构（配）件零件、半成品、成品的用量以及周转材料摊销量，根据工程所在地的材料市场价格确定，材料预算价格由材料原价、运杂费、场外运输损耗、采购及保管费组成，其中材料原价、运杂费按不含增值税（可抵扣进项税额）的价格确定。

29. A、B、E。本题考核的是施工驻地及场站建设环节重大事故隐患。选项 C 属于方案管理的重大事故隐患内容。施工驻地及场站建设环节重大事故隐患见表 5。

表 5　施工驻地及场站建设环节重大事故隐患

工程类别	施工环节	隐患编号	隐患内容	易引发事故类型
基础管理	方案管理	GJ-001	未按规定编制或未按程序审批危险性较大工程专项施工方案；超过一定规模的危险性较大工程的专项施工方案未组织专家论证、审查；未按照专项施工方案组织施工；不配备应急救援队伍，不开展应急演练	坍塌等
辅助施工	施工驻地及场站建设（含临时设施搭设）	GF-001	在大型设备设施倾覆影响范围内设置办公区、生活区；临时驻地或场站建设不符合规范要求设置在危险区域	坍塌、起重伤害
		GF-002	生活区、办公区等人员密集场所与集中爆破区、易燃易爆物、危化品库、高压电力线的安全距离不足	火灾、爆炸

续表

工程类别	施工环节	隐患编号	隐患内容	易引发事故类型
辅助施工	施工驻地及场站建设（含临时设施搭设）	GF-003	生活、办公用房、易燃易爆危险品库等重点部位消防安全距离不符合要求且未采取有效防护措施。生活、办公用房、易燃易爆危险品库等建筑构件的燃烧性能等级未达到A级，不符合《建筑材料及制品燃烧性能分级》GB 8624—2012和《建筑用金属面绝热夹芯板》GB/T 23932—2009要求	火灾、爆炸

30. B、C、D、E。本题考核的是施工方案编制、会审及专家论证。（1）施工方案编制、审核和审批：对于一般施工方案，应由施工单位或项目专业工程师编制，项目技术部门组织审核，由项目技术负责人审批；对于重大施工方案，应由项目技术负责人组织编制，中标单位技术管理部门组织审核，必要时组织相关专家进行论证，由中标单位技术负责人进行审批，故选项D正确。（2）施工方案会审的具体要点：①施工方案编制依据是否符合要求，故选项B正确。②施工方案是否符合有关法规要求。③施工方案计算书是否合规。④审查一些采用四新技术的内容。⑤施工方案中的资源配置是否合理，故选项C正确。（3）施工方案专家论证：专家论证会应当由施工单位组织召开，实行施工总承包的，由施工总承包单位组织召开，故选项A错误。专家论证主要内容为：①专项方案内容是否完整、可行。②专项方案计算书和验算依据是否符合有关标准规范。③安全施工的基本条件是否满足现场实际情况，故选项E正确。

三、实务操作和案例分析题

（一）

1. 图1中构造物M的名称：土工格栅。

图1中已标出的各组成部位中，首先应施工：截水沟。

2. （1）正确。

（2）不正确。改正：台阶高度应不大于规范值。

（3）不正确。改正：压实度应不小于96%。

（4）正确。

3. 该路段挡土墙施工需要搭设脚手架。

脚手架不能单独计量。

4. 挡土墙的施工工序：BACDFE。

5. 事件3中的生产安全事故等级属于较大事故。

项目经理存在对该坍塌事故迟报的情况。

（二）

1. 事件1中M预报方法的名称：超前水平钻探。

按照地质超前预报长度划分，该隧道地质超前预报属于中距离预报。

2. 环形开挖预留核心土法的正确开挖顺序：ACBED 或 ACEBD。

D 工序的紧后工序：仰拱初期支护。

3. 该隧道为低瓦斯隧道。

（1）不正确。正确做法：严禁反向装药。

（2）不正确。正确做法：爆破网络必须采用串联连接方式，不得并联或串、并联。

（3）正确。

（4）正确。

4. 事件 3 中的重大事故隐患：（2）、（3）。

易引发的事故类型：坍塌。

专项安全检查的费用应在安全生产费用中列支。

（三）

1. A 构造物的名称：边沟；B 构造物的名称：渗沟。

2. 路面基层水泥用量 =（11.25+0.25+0.25）×10000×0.32×2×2.35×98%×0.05＝8659t。

3. 事件 1 中生产配合比设计还应包含的其他两项技术内容：确定水泥稳定材料的容许延迟时间、确定结合料剂量的标定曲线。

4. 逐条判断事件 2 中的做法是否正确及正确做法：

（1）不正确。正确做法：本工程需要进行试验路段施工。

（2）不正确。正确做法：应根据拌合站的产量、运距，合理安排运输车辆。

（3）不正确。正确做法：采用双机或三机梯进式施工时，相邻两机的间距控制在 10~20m。

5. 支持分包人向承包人和发包人提出申请施工分包业绩证明的要求。

不支持劳务合作公司向承包人和发包人提出申请施工分包业绩证明的要求。理由：劳务合作不属于施工分包，劳务合作企业以分包人名义申请业绩证明的，承包人与发包人不得出具。

分包人的施工方案由分包人编制；劳务合作公司的施工方案由承包人编制。

（四）

1. 模具 A 的名称：端模；模具 B 的名称：内模。

节段梁采用的是短线法。

2. 0 号块支架不需要预压。理由：0 号块支架支撑于承台上，属于刚性地基，所以不需要预压。

边跨支架需要预压。理由：边跨支架地基为非刚性地基，所以需要预压。

3. 工序 X 的名称：起吊梁段、试拼。工序 Y 的名称：临时预应力张拉。

施工单位还应对桥面吊机进行的验算有：刚度、稳定性。

4. 改正事件 3 中预应力钢束加工和张拉基本要求中的错误：

（1）改正：同一截面预应力筋接头面积不超过预应力筋总面积的 25%。

（2）改正：锚固后预应力筋应采用机械（砂轮锯）切割，外露长度符合设计要求。
未列出的一项实测项目：断丝滑丝数（或管道间距）。
实测项目中的两项关键项目：张拉应力值、张拉伸长率。

5. C的名称：应急处置卡。
D是指：项目属地负有安全生产监督管理职责的交通运输管理部门。
E是指：项目属地负有安全生产监督管理职责的应急管理部门。
应急预案备案时，还应补充：风险评估结果和应急资源调查清单。

（五）

1. A的大小：（0.8+16.5×15%）×36% = 1.2 元/m³。
M10浆砌石路堤型排水沟的综合单价：40.6+225+12.3+3.6+24.6+10.3+43.1+5.4 = 364.9 元/m³。

2. 雨期施工的地段还包括：砂类土、路堑的弃方地段。

3. 事件1中的2处错误的改正：
（1）错误1改正：雨期开挖岩石路基，炮孔应水平设置。
（2）错误2改正：每一填筑层表面应做成2%~4%双向路拱横坡以利于排水。

4. B：沉降差；C：宽度。

5. 事件3中的土方量应按压实后的纵断面高程和路床面为标准来计量。

2023 年度全国一级建造师执业资格考试

《公路工程管理与实务》

真题及解析

学习遇到问题？
扫码在线答疑

2023 年度《公路工程管理与实务》真题

一、单项选择题（共 20 题，每题 1 分。每题的备选项中，只有 1 个最符合题意）

1. 石质路床地面有地下水时，可设置（　　）进行排导。
   A. 排水路面　　　　　　　　　　B. 垫层
   C. 渗沟　　　　　　　　　　　　D. 土工格栅

2. 采用刚性桩处理软基，现浇混凝土大直径管桩和预制管桩的施工质量标准中，检查项目不同的是（　　）。
   A. 竖直度　　　　　　　　　　　B. 桩距
   C. 单桩承载力　　　　　　　　　D. 桩帽位置

3. 用于疏干潮湿边坡和引排边坡上局部出露的上层滞水，并起支撑边坡作用的排水设施是（　　）。
   A. 支撑渗沟　　　　　　　　　　B. 仰斜式排水孔
   C. 急流槽　　　　　　　　　　　D. 边坡渗沟

4. 二级以下公路无机结合料稳定基层使用等外石灰时，有效氧化钙含量应在 20％以上，且（　　）应满足要求。
   A. 石灰的未消化残渣含量　　　　B. 石灰的细度
   C. 石灰的氧化镁含量　　　　　　D. 混合料强度

5. 矿料最大粒径为 16mm 或 19mm 的沥青混合料为（　　）沥青混合料。
   A. 细粒式　　　　　　　　　　　B. 中粒式
   C. 粗粒式　　　　　　　　　　　D. 特粗式

6. 水泥混凝土路面出现严重断裂，裂缝处有严重剥落，板被分割成 3 块以上，有错台或裂块并且已经开始活动的断板，应采用（　　）治理措施。
   A. 压注灌浆　　　　　　　　　　B. 扩缝灌注
   C. 条带罩面　　　　　　　　　　D. 整块板更换

7. 现浇盖梁施工中，模板及支架变形的要求是（　　）。
   A. 盖梁侧模板挠度不得超过盖梁跨度的 1/250

B. 钢模板面板变形不得超过2.5mm

C. 盖梁支架的弹性挠度不大于其结构跨度的1/400

D. 钢模板的钢材变形不超过计算跨径的1/300

8. 关于现浇预应力混凝土梁模板和支架拆除的说法，正确的是（ ）。

A. 梁芯模应在混凝土抗压强度达到2.5MPa时，方可拆模

B. 支架应在混凝土强度能承受其自重荷载及其他可能的叠加荷载时，方可拆除

C. 支架的拆除顺序应遵循后支后拆的原则

D. 支架应在预应力钢束张拉前拆除

9. 钻孔灌注桩施工中，适用于淤泥质土钻孔的钻机是（ ）。

A. 冲抓钻机　　　　　　　　　B. 螺旋钻机

C. 冲击钻机　　　　　　　　　D. 旋挖钻机

10. 下列隧道监控量测项目中，属于必测项目的是（ ）

A. 围岩内部位移　　　　　　　B. 爆破振动

C. 拱脚下沉　　　　　　　　　D. 地表水平位移

11. 隧道主洞模板施工应满足的要求是（ ）。

A. 模筑混凝土衬砌施工不宜采用全断面衬砌模板台车

B. 台车模板应留振捣窗，振捣窗不宜小于0.45m×0.45m

C. 全断面衬砌模板台车就位应以行车道中线为准，按路线方向垂直架设

D. 顶模应设置注浆管，但无需设置通气孔

12. ETC门架系统在通信网络发生局部故障时，该系统应该（ ）。

A. 暂停收费工作，并立即报警，进行人工收费处理

B. 独立性工作和存贮部分重要数据，当通信网络恢复正常时，人工上传本地滞留数据

C. 独立性工作和存贮所有数据，当通信网络恢复正常时，自动上传本地滞留数据

D. 独立性工作和存贮所有数据，当通信网络恢复正常时，人工上传本地滞留数据

13. 高速公路通信系统光纤接续适合采用（ ）。

A. 绑接法　　　　　　　　　　B. 熔接法

C. 热可缩管法　　　　　　　　D. V形槽法

14. 下列悬臂浇筑梁质量检验实测项目中，属于关键项目的是（ ）。

A. 轴线偏位　　　　　　　　　B. 断面尺寸

C. 顶面高程　　　　　　　　　D. 合龙后同跨对称点高程差

15. 重大事故隐患治理方案必须由（ ）组织编制。

A. 单位负责人　　　　　　　　B. 单位技术负责人

C. 项目负责人　　　　　　　　D. 项目专职安全管理人员

16. 分包工程的变更管理中，向分包人下达设计变更指令的单位是（ ）。

A. 建设单位　　　　　　　　　B. 设计单位

C. 监理单位　　　　　　　　　D. 承包单位

17. 开工预付款的金额在项目专用条款数据表中约定一般按（　　）的百分比支付。

A. 签约合同价

B. 有效合同价

C. 主要材料价款总额

D. 主要材料和设备价款总额

18. 关于项目部驻地建设的说法，正确的是（　　）。

A. 各种垃圾应集中存放，定期按环保要求处置

B. 生活污水排放应进行规划设计并设置单级沉淀池

C. 驻地内应设置容积不大于3m×2m×1.5m的垃圾堆积池

D. 驻地办公室应采用电力取暖

19. 混凝土拌合站的拌合设备应采用的计量方式是（　　）。

A. 质量法自动计量　　　　　　B. 体积法自动计量

C. 质量法手动计量　　　　　　D. 体积法手动计量

20. 根据《关于开展公路桥梁和隧道工程施工安全风险评估试行工作的通知》，应进行安全风险评估的工程是（　　）。

A. 跨径120m的梁式桥

B. 全Ⅲ级围岩长度近2000m的隧道

C. 跨径560m的悬索桥

D. 特殊桥型或特殊结构桥梁的拆除或加固工程

二、**多项选择题**（共10题，每题2分。每题的备选项中，有2个或2个以上符合题意，至少有1个错项。错选，本题不得分；少选，所选的每个选项得0.5分）

21. 高速公路路床填料宜采用（　　）。

A. 砂砾　　　　　　　　　　　B. 细料土

C. 碎石　　　　　　　　　　　D. 片石

E. 粉质土

22. 热拌沥青混合物的路面压实可以采用（　　）。

A. 单钢轮振动压路机　　　　　B. 双轮双振压路机

C. 凸块压路机　　　　　　　　D. 冲击压路机

E. 胶轮压路机

23. 关于后张法预应力孔道压浆的说法，正确的有（　　）。

A. 曲线孔道应从最低点的压浆孔压入

B. 水平直线孔道可以从任意一端的压浆孔压入

C. 竖向孔道可从中间压浆孔压入

D. 对于分层设置的孔道，应按先下层后上层的顺序进行压浆

E. 同一孔道的压浆应缓慢、均匀进行，根据实际情况可多次完成

24. 隧道发生塌方的主要原因有（　　）。

A. 不良地质及水文地质条件

B. 初期支护背后有较小空洞

C. 隧道设计考虑不周

D. 施工方法和措施不当

E. 局部锚杆长度不够

25. 运输车辆经过高速公路的称重及超限检测系统得到的监测数据有（　　）。

A. 车货称重　　　　　　　　　B. 总长度

C. 货物净重　　　　　　　　　D. 总宽度

E. 总高度

26. 公路工程施工方案的优化主要包括（　　）。

A. 施工方法的优化

B. 施工作业组织形式的优化

C. 机械需要计划的优化

D. 施工顺序的优化

E. 物资采购与供应计划的优化

27. 下列危险性较大的分部分项工程中，专项施工方案需组织专家论证审查的有（　　）。

A. 中型及以上滑坡体处理

B. 水深不小于20m 的各类深水基础

C. 猫道、移动模架

D. 小净距隧道

E. 桥梁、隧道拆除工程

28. 材料费计算中，属于运杂费的有（　　）。

A. 材料包装费　　　　　　　　B. 场外运输损耗费

C. 装卸费　　　　　　　　　　D. 运输费

E. 增值税

29. 适宜于压实砂砾石和砂质土路基的压路机有（　　）。

A. 静力压路机　　　　　　　　B. 轮胎压路机

C. 振动压路机　　　　　　　　D. 凸块压路机

E. 冲击压路机

30. 根据《公路建设市场管理办法》，关于公路工程市场主体行为管理的说法，正确的有（　　）。

A. 施工单位可以将适合专业化队伍施工的工程分包给具有相应资格条件的单位

B. 允许分包的工程范围应当在招标文件中规定

C. 分包工程严禁转包

D. 建设单位有权对工程实施指定分包、指定采购或者分割工程

E. 施工单位可以将劳务作业发包给具有劳务分包资质的劳务分包人

三、实务操作和案例分析题 [共5题，（一）、（二）、（三）题各20分，（四）、（五）题各30分]

（一）

背景资料：

某施工单位承建20km高速公路扩建工程，其中桥梁扩建方式为在原桥位两侧各增建独立桥梁，路基扩建方式为在旧路基两侧分别拓宽7.5m，小型构造物如涵洞、通道则随路基扩建衔接到位。拓宽路基工程主要包括填挖方、软基处理及防护工程。经调查，全线既有路堤护脚挡土墙稳定、外观完好，软基处理方式采用与原设计一致的袋装砂井。路基拓宽代表性横断面示意图如图1所示。

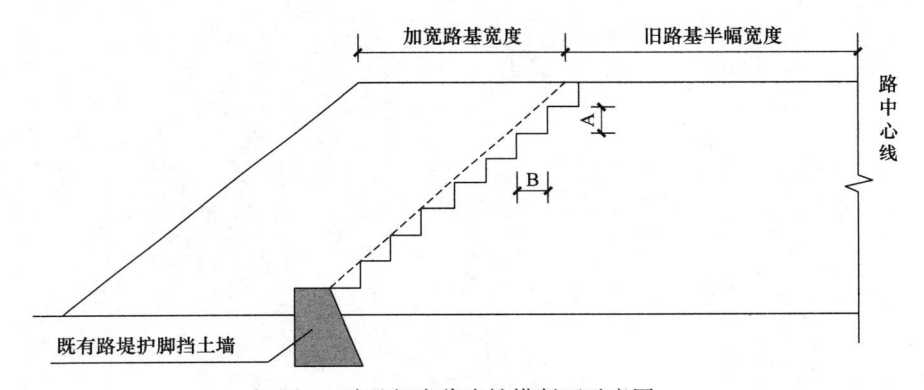

图1 路基拓宽代表性横断面示意图

施工过程中发生以下事件：

事件1：施工单位向监理单位提交的施工方案部分内容如下：

（1）采用原路基施工试验段相关参数直接进行路基拓宽施工；

（2）上边坡的既有防护工程一次性拆除后再逐段进行路基开挖；

（3）从旧路堤坡脚向上开挖台阶时，应随挖随填，图1中台阶高度应不大于Am，宽度应不小于Bm；

（4）拓宽路基应进行C观测，观测点应按设计要求设置。高路堤与陡坡路堤段尚应进行稳定性监测。

事件2：施工单位在袋装砂井施工过程中存在下列做法：

（1）施工单位采用细砂制作袋装砂井；

（2）施工工艺程序为：整平原地面→摊铺下层砂垫层→机具定位→打入套管→D→E→机具移位→埋砂袋头→摊铺上层砂垫层；

（3）袋装砂井完工后，施工单位按照袋装砂井施工质量标准要求，检查了井长等重点项目。

问题：

1. 在拓宽路基施工时，图1中"既有路堤护脚挡土墙"是否可保留？
2. 事件1中（1）、（2）有明显错误，分别写出正确做法。
3. 写出事件1中（3）、（4）涉及的A、B、C具体内容。
4. 写出事件2中（1）的正确做法，补充（2）中D、E的工序名称。
5. 补充事件2中袋装砂井施工质量的其他三个检查项目。

（二）

背景资料：

某施工单位承建季冻区双向四车道高速公路水泥混凝土路面工程，设计路面结构为：26cm 水泥混凝土面层、30cm 水泥稳定碎石基层、20cm 级配碎石底基层，硬路肩与行车道路面结构相同。根据施工方案要求，中央分隔带每侧面层按全幅摊铺且设置两条纵向接缝，并采用滑模摊铺技术进行施工，其工艺流程为：基层质量检查验收→测量放样→摊铺机就位→混凝土运输车卸料及布料→滑模摊铺机摊铺、振捣、整平→X→初期养护→Y→刻槽→Z→后期养护→质量检测→开放交通。用于面层施工的水泥为道路硅酸盐水泥，外加剂采用引气高效减水剂。另外，针对可能出现的特殊天气情况以及水泥混凝土路面接缝多、构造复杂的特点，制定了专项施工组织方案和应急处理预案。

施工过程中发生以下事件：

事件1：面层水泥混凝土拌合中掺入了一定量符合规定要求的粉煤灰掺合料，并在施工前进行了混凝土配合比试配与粉煤灰掺量优化试验，对水泥混凝土弯拉强度等设计指标进行了符合性检验。

事件2：滑模摊铺面层前，架设双线基准线，基准线桩纵向间距在直线段按10m设置，在竖曲线和平曲线段按20m设置，滑模摊铺机底板设置为双向路拱形状。

事件3：在水泥混凝土面层摊铺施工过程中，发生了6级以上强风并伴随气温骤降的天气情况。

问题：

1. 写出背景资料中X、Y、Z代表的工序名称以及面层施工纵向接缝的类型。
2. 补充事件1中配合比设计需要检验的其他设计指标。
3. 改正事件2中的两处错误做法。
4. 事件3中的天气情况可能对面层造成怎样的后果？施工现场应如何处置？

(三)

背景资料：

施工单位承建了某特大桥工程，该大桥主桥为跨径160m+160m、桥宽30.5m的独塔双索面斜拉桥，主梁采用预应力混凝土箱梁结构，塔梁固结体系。大桥主塔采用群桩基础，由于河水较深且流速较快，基础施工时采用双壁钢围堰。施工单位对钢围堰结构进行设计，考虑河流水情及施工各环节，设计计算中考虑了施工荷载及结构重力、水流压力、浮力、土压力、风力、波浪力、漂浮物撞击力等作用。

斜拉桥主塔为花瓶形，高度107.6m，主塔轮廓如图2所示。主塔施工时间历经夏季与冬季、丰水与枯水季节，最高气温39℃，最低气温-6℃，由于主塔上塔柱施工正值冬季低温季节，混凝土施工后采用蒸汽养护。

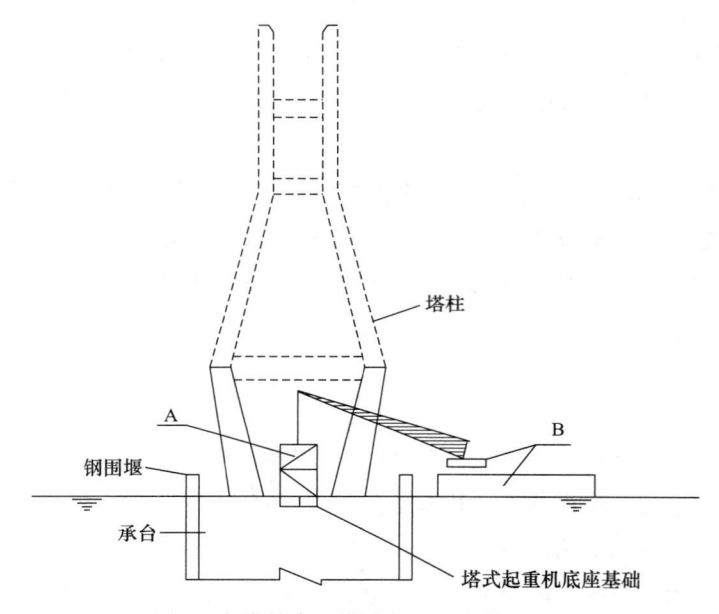

图2 主塔轮廓及塔式起重机安装示意图

施工中发生以下事件：

事件1：主塔施工配置的主要机械设备有：塔式起重机、浮吊、液压爬模系统、电焊机切割设备、张拉与压浆设备、水上运输与混凝土拌合设备、混凝土垂直运输泵送与浇筑设备、供水设备、混凝土喷淋养护设备、测量与监控设备等。塔式起重机安装在两塔柱中间，如图2所示。

事件2：主塔塔柱施工中设置了型钢制作的劲性骨架，其主要作用是保证钢筋架立等工序施工的精度。主塔施工时加强了监测和控制，监控的主要参数包括主塔倾斜度与应力、风力、温度及温差等。

事件3：施工单位强调加强塔式起重机等特种设备管理，要求做好特种设备使用的相关记录，包括：特种设备检查记录、特种设备运行故障和事故记录、定期检验整改记录等，并在特种设备使用管理中有下列做法：

（1）在设备投入使用前到设备所在地市级以上的特种设备安全监督管理部门办理特种设备使用登记；

（2）特种设备登记标志悬挂于机械管理部门展示墙；

（3）设备检验合格有效期届满前 15d 向特种设备检验检测机构提出定期检验要求；

（4）设备使用过程中发现事故隐患或其他不安全因素，立即向现场安全管理人员和单位有关负责人报告。

问题：

1. 写出图 2 中结构物（或设备设施）A、B 的名称，补充钢围堰设计计算中应考虑的其他两个主要作用。

2. 事件 1 中，主塔施工中还应配置哪些主要机械设备？

3. 事件 2 中，劲性骨架的主要作用还应包括保证哪两道工序施工的精度？补充主塔施工还应监控的两个主要参数。

4. 事件 3 中，特种设备使用还应做好哪两个相关记录？逐条改正施工单位特种设备使用管理中的错误做法。

(四)

背景资料:

某双向四车道高速公路山岭隧道,全长1850m,地质岩性主要为强风化至弱风化花岗岩,节理较发育,地下水较丰富,穿越区域发育一条断层破碎带,隧道最大埋深310m,隧道纵断面示意图如图3所示。隧道采用单向掘进的方式进行施工,支护采用初期支护+二次衬砌的复合衬砌,其初期支护为:Ⅲ、Ⅳ级围岩采用锚喷支护,Ⅴ、Ⅵ级围岩采用钢架锚喷支护。

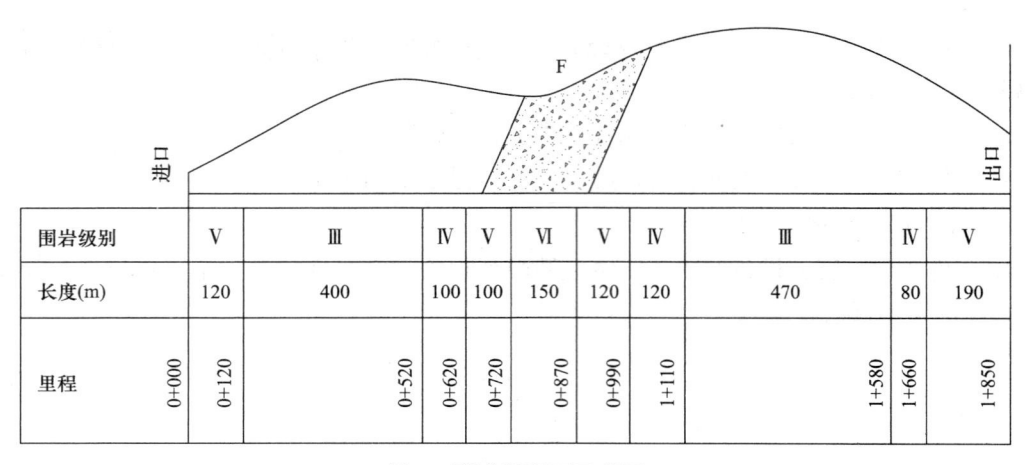

围岩级别	Ⅴ	Ⅲ	Ⅳ	Ⅴ	Ⅵ	Ⅴ	Ⅳ	Ⅲ	Ⅳ	Ⅴ
长度(m)	120	400	100	100	150	120	120	470	80	190
里程	0+000　0+120		0+520	0+620	0+720	0+870	0+990	1+110	1+580	1+660　1+850

图3 隧道纵断面示意图

施工过程中发生以下事件:

事件1:项目部根据本工程特点、工程地质和水文地质情况,制定了施工方案,部分地段采取了相应的施工方法如下:

(1) K0+120~K0+520地段采用全断面法施工;
(2) K0+520~K0+620地段采用台阶法施工;
(3) K0+720~K0+870地段采用CRD法施工;
(4) K1+660~K1+850地段采用台阶法施工。

事件2:项目部根据本工程情况和相关规定制定了隧道施工安全步距如下:

(1) 仰拱与掌子面的距离,Ⅲ级围岩不得超过90m,Ⅳ级围岩不得超过60m,Ⅴ、Ⅵ级围岩不得超过30m;

(2) 软弱围岩及不良地质隧道的二次衬砌应及时施作,二次衬砌距离掌子面Ⅳ级围岩不得超过90m,Ⅴ、Ⅵ级围岩不得超过70m。

事件3:项目部制定的喷射混凝土质量检验基本要求如下:

(1) 开挖断面的质量、超欠挖处理、围岩表面渗漏水处理应符合施工技术规范规定,受喷面应清洁;

（2）喷射混凝土支护应与围岩紧密粘结，结合牢固，不得有空洞。喷层内不应存在片石和木板等杂物。严禁挂模喷射混凝土。

事件4：断层破碎带采用超前注浆加固地层，施工单位分别采用了周边小导管注浆和帷幕注浆两种加固方式，制定了相应的注浆工艺，其中周边小导管注浆工艺流程如图4所示。

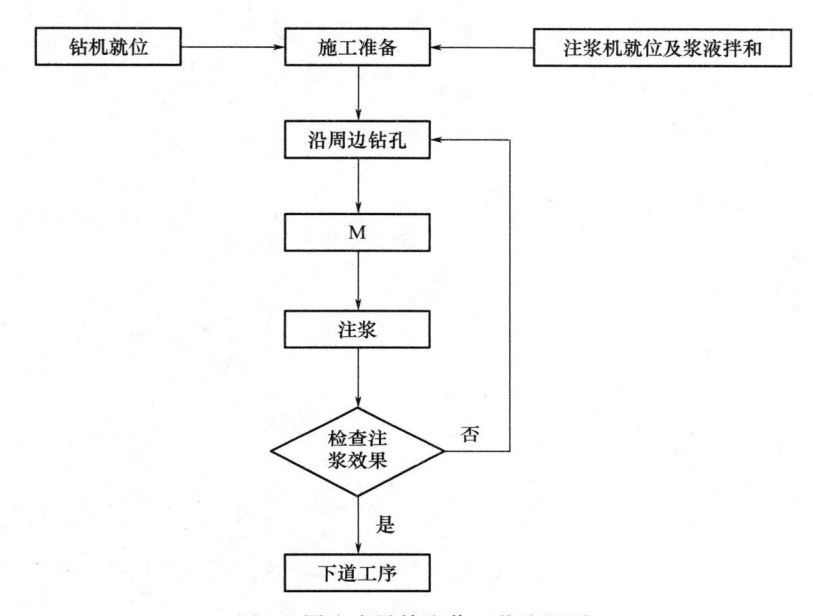

图4 周边小导管注浆工艺流程图

事件5：施工单位组织相关职能部门对该项目开展季度检查，进度检查过程中，工程部门着重围绕项目工作量的完成情况、工作时间的执行情况、上次检查提出问题的处理情况等内容开展检查工作，检查发现该项目进度存在严重滞后情况，检查组要求项目部通过优化资源配置缩减某些工作的持续时间等举措进行进度调整；技术部门着重对该隧道工程施工方案的编制及执行情况进行检查，检查发现项目部编制了Ⅴ、Ⅵ级围岩专项施工方案，但未发现专家论证和审查资料。

问题：

1. 逐条判断事件1中施工单位针对各级围岩制定的施工方法是否适用。不适用的予以改正。

2. 逐条判断事件2中施工单位制定的安全步距是否正确。若不正确，写出正确的做法。

3. 结合背景资料与施工技术规范，事件3中项目部制定的喷射混凝土质量检验基本要求是否齐全？如不齐全予以补充。写出喷射混凝土实测项目中的关键项目。

4. 结合图3和事件4，写出周边小导管注浆和帷幕注浆分别适用于哪种等级围岩？写

11

出图4小导管注浆工艺流程图中工序M的名称。

5. 补充事件5中进度检查的主要内容。写出进度计划调整通常采用的另一种方法。判断该隧道工程专项施工方案是否需要专家论证？并说明理由。

(五)

背景资料:

某一级公路工程,发包人依据《公路工程标准施工招标文件》相关规定进行了招标,公布了该工程某标段最高投标限价为89150万元,某施工单位参与该标段投标并中标,投标报价汇总表见表1,第100章总则工程量清单见表2,清单标价计算涉及部分内容如下:

表1 投标报价汇总表

序号	章次	项目名称	金额(万元)
1	100	总则	5619.7
2	200	路基	17662.6
3	300	路面	20873.3
4	400	桥梁、涵洞	18464.9
5	500	隧道	12042.3
6	600	安全设施及预埋管线	4014.1
7	700	绿化及环境保护设施	1605.6
8		第100-700章清单合计	80282.5
9		已包含在清单合计中的材料、工程设备、专业工程暂估价合计	1680
10		清单合计减去材料、工程设备、专业工程暂估价合计	78602.5
11		计日工合计	96.6
12		暂列金额(不含计日工总额)	2311.8
13		投标报价	

表2 工程量清单

清单第100章 总则

子目号	子目名称	单位	数量	单价	合价
101	通则				
101-1	保险费				
-a	按合同价款规定,提供建筑工程一切险				
-b	按合同价款规定,提供第三者责任险				
102	工程管理				
102-3	安全生产费				
...					
103	临时工程与设施				
103-1	临时道路修建、养护及拆除				
	清单第100章合计 人民币				

(1) 按合同条款规定计算出施工期间现场部分保险费如下：永久工程保险费 230.6 万元，临时工程保险费 9.7 万元，施工单位购买的运至施工工地用于永久工程的设备保险费 6.8 万元，施工单位的施工机械设备保险费 10.8 万元，施工单位雇佣人员工伤事故保险费和人身意外伤害保险费共 22.9 万元。

(2) 安全生产费计列费率为 2%。

(3) 现场拟建进出场、保通、贯通临时便道共 12km；生产区内临时便道共 3km；施工驻地内临时便道共 1.5km。

(4) 现场拟修建一座临时贝雷便桥，最大水深 5m。

施工过程中发生以下事件：

事件 1：施工单位结合现场情况，在其中一个生产厂区内布置了拌合站与梁板预制场，考虑施工方便并减少二次搬运，部分工作区域布置示意图如图 5 所示，工作区域包括：梁板预制区、梁板成品堆放区、砂石料堆放区、钢筋加工堆放区、模板加工堆放区、混凝土搅拌区、其他工作区。

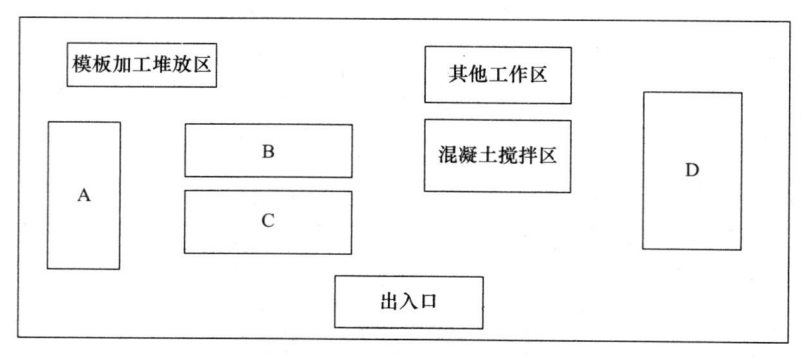

图 5 拌合站与梁板预制场工作区域布置示意图

事件 2：部分预制梁板采用先张法施工，为防止张拉台座不均匀沉降及开裂，台座采用重力式台座，并采用强度等级 C20 的混凝土底模。梁板预制完成后，移梁前对梁板喷涂统一标识和编号，存梁时支垫材质采用非刚性材料，且要求不污染梁底。

事件 3：监理工程师根据《公路工程重大事故隐患清单（行业基础版）》对工地建设进行了重大事故隐患排查，排查了施工驻地及生产厂区是否设置在滑坡、塌方、泥石流、洪水等危险区域，施工驻地及生产厂区内的 E 和 F 设施是否按规范实施。

事件 4：施工过程中，拌合站及梁板预制场内发生了安全生产事故，造成 1 名监理工程师和 3 名施工人员重伤。项目部对钢板热切割工、钢筋绑扎工、钢筋焊接工、模板制作工、混凝土预制工、叉车工、龙门架升降机操作工等人员进行了专题安全教育与培训。

问题：

1. 表 1 中投标报价合计为多少万元？分别计算表 2 中 101-1-a 建筑工程一切险、102-3 安全生产费清单子目投标报价合价（单位：万元，计算结果保留小数点后 1 位）、表 2 中 103-1 临时道路修建、养护及拆除清单子目应填的数量是多少？

2. 事件1拌合站与预制梁板场工作区域布置示意图中，A、B、C、D区域对应的最合理工作区分别是什么？

3. 指出事件2中两处错误，并改正。

4. 分别写出事件3中重大事故隐患排查E、F设施的内容。背景资料中的临时便桥是否需要按危险较大的分部分项工程编制专项施工方案？

5. 事件4中，可否按表2中购买的第三者责任险向保险公司索赔监理工程师重伤赔偿费？事件4中所列安全教育与培训人员中必须持证上岗的特种作业工有几种？分别指出其特种作业工名称。

2023年度真题参考答案及解析

一、单项选择题

1. C;	2. D;	3. D;	4. D;	5. B;
6. D;	7. C;	8. B;	9. D;	10. C;
11. B;	12. C;	13. B;	14. B;	15. C;
16. D;	17. A;	18. A;	19. A;	20. D。

【解析】

1. C。本题考核的是石质路床清理规定。路床底面有地下水时，可设置渗沟进行排导，渗沟应采用硬质碎石回填。

2. D。本题考核的是现浇混凝土大直径管桩施工规定和预制管桩施工规定。现浇混凝土大直径管桩检查项目：桩距、桩长、桩径、混凝土抗压强度、竖直度、单桩承载力、桩身完整性。

预制管桩检查项目：桩距，桩长，竖直度，单桩承载力，桩帽高度、长度、宽度、位置。

3. D。本题考核的是渗沟。边坡渗沟用于疏干潮湿边坡和引排边坡上局部出露的上层滞水或泉水，并起支撑边坡作用。

4. D。本题考核的是石灰。二级以下公路使用等外石灰时，有效氧化钙含量在20%以上，且混合料强度应满足要求。

5. B。本题考核的是沥青路面分类。沥青路面按矿料粒径分类见表3。

表3 沥青路面分类

沥青路面类型	矿料最大粒径
砂粒式沥青混合料	等于或小于4.75mm 的沥青混合料
细粒式沥青混合料	为9.5mm 或13.2mm 的沥青混合料
中粒式青青混合料	为16mm 或19mm 的沥青混合料
粗粒式沥青混合料	为26.5mm 或31.5mm 的沥青混合料
特粗式沥青混合料	等于或大于37.5mm 的沥青混合料

6. D。本题考核的是整块板更换。对于严重断裂，裂缝处有严重剥落，板被分割成3块以上，有错台或裂块并且已经开始活动的断板，应采用整块板更换的措施。

7. C。本题考核的是设计与验算。验算模板、支架的刚度时，其变形值不得超过下列允许值：

（1）结构表面外露的模板，挠度为模板构件跨度的1/400；

（2）结构表面隐蔽的模板，挠度为模板构件跨度的1/250；

（3）支架受载后挠曲的杆件（盖梁、纵梁），其弹性挠度为相应结构跨度的1/400；

（4）钢模板的面板变形为1.5mm。

8. B。本题考核的是模板、支架和拱架的拆除。芯模和预留孔道的内模，应在混凝土强度能保证其表面不发生塌陷或裂缝现象时，方可拆除，故选项A错误。

模板、支架的拆除应遵循后支先拆、先支后拆的原则顺序进行，故选项C错误。

对预应力混凝土结构，其侧模应在预应力钢束张拉前拆除；底模及支架应在结构建立预应力后方可拆除，故选项D错误。

9. D。本题考核的是钻孔的常用方法。旋挖钻机一般适用黏土、粉土、砂土、淤泥质土、人工回填土及含有部分卵石、碎石的地层。

10. C。本题考核的是量测内容与方法。隧道现场监控量测必测项目见表4。

表4　隧道现场监控量测必测项目

序号	项目名称	方法及工具	测点布置	精度	量测间隔时间 1~15d	量测间隔时间 16d~1个月	量测间隔时间 1~3个月	量测间隔时间 >3个月
1	洞内、外观察	现场观测、地质罗盘	开挖及初期支护后进行	—	—			
2	周边位移	各种类型收敛计、全站仪或其他非接触量测仪器	每5~100m一个断面，每断面2~3对测点	0.5mm（预留变形量不大于30mm时）	1~2次/d	1次/2d	1~2次/周	1~3次/月
3	拱顶下沉	水准仪、铟钢尺、全站仪或其他非接触量测仪器	每5~100m一个断面	1mm（预留变形量不大于30mm时）	1~2次/d	1次/2d	1~2次/周	1~3次/月
4	地表下沉	水准仪、铟钢尺、全站仪	洞口段、浅埋段（$h_0 \leq 2.5b$），布置不少于2个断面，每断面不少于3个测点	0.5mm	开挖面距量测断面前后<2.5b时，1~2次/d；开挖面距量测断面前后<5b时，1次/2~3d；开挖面距量测断面前后≥5b时，1次/3~7d；			
5	拱脚下沉	水准仪、铟钢尺、全站仪	富水软弱破碎围岩、流沙、软岩大变形、含水黄土、膨胀岩土等不良地质和特殊岩土段	0.5mm	仰拱施工前，1~2次/d			

注：b——隧道开挖宽度；h_0——隧道埋深。

17

11. B。本题考核的是主洞模板施工。隧道主洞模筑混凝土衬砌施工宜采用全断面衬砌模板台车。全断面衬砌模板台车就位应以隧道中线为准，按路线方向垂直架设。顶模应设置通气孔和注浆管。

12. C。本题考核的是ETC门架系统的功能。在通网络发生局部故障时，本系统应独立性工作和存贮所有数据。当通信网络恢复正常时，自动上传本地滞留数据至省联网中心和部联网中心。

13. B。本题考核的是光纤接续。光纤接续宜采用熔接法，接续完成并测试合格后立即做增强保护措施。增强保护方法采用热可缩管法、套管法和V形槽法。

14. B。本题考核的是悬臂浇筑梁实测项目。悬臂浇筑梁的实测项目：混凝土强度（△）、轴线偏位、顶面高程、断面尺寸（△）、合龙后同跨对称点高程差、顶面横坡、平整度、相邻梁段间错台。标记"（△）"为关键项目。

15. C。本题考核的是事故隐患整改。重大事故隐患必须由项目负责人组织编制"重大事故隐患治理方案"。

16. D。本题考核的是分包工程的变更管理。承包人接到监理工程师依据合同发布的涉及发包工程的变更指令后，以书面确认方式通知分包人执行。

17. A。本题考核的是预付款。开工预付款是一项由业主提供给承包人用于开办费用的无息贷款，国内开工预付款金额一般应为10%签约合同价。

18. A。本题考核的是驻地其他要求。生活污水排放应进行规划设计，设置多级沉淀池，通过沉淀过滤达到排放标准，故选项B错误。

驻地内应设置一个大型垃圾堆积池，容积不小于3m×2m×1.5m，将各种垃圾集中存放，定期按环保要求处置，故选项C错误。

驻地办公区、生活区应采用集中供暖设施，严禁电力取暖，故选项D错误。

19. A。本题考核的是拌合设备要求。拌合设备应采用质量法自动计量，水、外掺剂计量应采用全自动电子称量法计量，禁止采用流量或人工计量方式。

20. D。本题考核的是公路桥梁和隧道工程施工安全风险评估范围。跨径大于或等于140m的梁式桥，跨径大于400m的斜拉桥，跨径大于1000m的悬索桥；特殊桥型或特殊结构桥梁的拆除或加固工程；长度3000m及以上的隧道工程，Ⅵ、Ⅴ级围岩连续长度超过50m或合计长度占隧道全长的30%及以上的隧道工程。以上这些工程都需要进行施工安全风险评估。

二、多项选择题

21. A、C；   22. B、E；   23. A、B、D；
24. A、C、D； 25. A、B、D、E； 26. A、B、D；
27. A、B、C； 28. C、D；   29. B、C；
30. A、B、C、E。

【解析】

21. A、C。本题考核的是路床填料规定。高速公路、一级公路路床填料宜采用砂砾、碎石等水稳性好的粗粒料，也可采用级配好的碎石土、砾石土等；粗粒料缺乏时，可采用无机结合料改良细粒土。

22. B、E。本题考核的是混合料的压实。压路机采用2~3台双轮双振压路机及2~3台重量不小于16t胶轮压路机组成。

23. A、B、D。本题考核的是后张法预应力孔道压浆及封锚。压浆时，对曲线孔道和竖向孔道应从最低点的压浆孔压入，故选项A正确、选项C错误。对水平直线孔道可从任意一端的压浆孔压入，故选项B正确。对结构或构件中以上下分层设置的孔道，应按先下层后上层的顺序进行压浆。同一孔道的压浆应连续进行，一次完成。压浆应缓慢、均匀地进行，不得中断，并应将所有最高点的排气孔依次打开和关闭，使孔道内排气通畅，故选项D正确、选项E错误。

24. A、C、D。本题考核的是隧道发生塌方的主要原因。隧道发生塌方的主要原因：不良地质及水文地质条件；隧道设计考虑不周；施工方法和措施不当。

25. A、B、D、E。本题考核的是高速公路称重及超限检测系统的功能与构成。运输车辆经过称重及超限检测系统得到的车货称重、总长度、总宽度、总高度的检测数据。

26. A、B、D。本题考核的是施工方案的优化。施工方案主要包括：施工方法的优化、施工顺序的优化、施工作业组织形式的优化、施工劳动组织优化、施工机械组织优化等。

27. A、B、C。本题考核的是专项方案与技术交底。需组织专家论证、审查的工程是指超过一定规模的危险性较大的分部分项工程。

28. C、D。本题考核的是材料费计算。运杂费具体包括运输和装卸费、设备供销部门手续费、保险费、出厂时没有包含的包装与包装材料费以及采购与仓库保管费。运杂费按不含增值税（可抵扣进项税额）的价格确定。

29. B、C。本题考核的是施工机械的选择方法。静力压路机：适用于黏土、粉土的压实，故选项A错误。凸块压路机：适用于非黏土、含水量不大的黏性和细粒砂砾石混合料，故选项D错误。冲击压路机：适用于压实碎石，特别适用于填方压实、煤场压实、干旱地区黄土、湿陷性黄土、大孔隙土等压实施工，故选项E错误。

30. A、B、E。本题考核的是市场主体行为管理。施工单位可以将非关键性工程或者适合专业化队伍施工的工程分包给具有相应资格条件的单位，并对分包工程负连带责任。允许分包的工程范围应当在招标文件中规定。分包工程不得再次分包，严禁转包。任何单位和个人不得违反规定指定分包、指定采购或者分割工程。施工单位可以直接招用农民工或者将劳务作业发包给具有劳务分包资质的劳务分包人。

三、实务操作和案例分析题

（一）

1. 既有路堤护脚挡土墙可保留。
2. 事件1中（1）的正确做法：需要重新修建试验段获取相关施工参数。

事件1中（2）的正确做法：上边坡的既有防护工程宜与路基开挖同步拆除。

3. 事件1中（3）、（4）涉及的A、B、C具体内容：A——1.0m；B——1.0m；C——沉降。

4. 事件2中（1）的正确做法：施工单位采用中、粗砂制作袋装砂井。

补充（2）中D、E的工序名称：D——沉入砂袋；E——拔出套管。

5. 袋装砂井施工质量的其他检测项目有：井距、井径、灌砂率。

（二）

1. 背景资料中X、Y、Z代表的工序名称：X——人工修整；Y——切缝；Z——灌缝。
面层施工纵向接缝的类型：设拉杆假缝型。

2. 事件1中配合比设计需要检验的其他设计指标：水泥混凝土工作性、抗磨性、抗冰冻性、抗盐冻性等指标。

3. 改正事件2中的两处错误做法：
改正一：在竖曲线和平曲线路段宜为5~10m设置。
改正二：滑模摊铺底板设置为单向路拱形状。

4. 事件3中的天气情况可能对面层造成龟裂的后果。
施工现场的处置：施工现场需采取停工措施，并尽可能选在缩缝或胀缝处设置横向工作缝，同时要采取加强覆盖养护（或加强保湿保温养护）措施。

（三）

1. 图2中结构物（或设备设施）A、B的名称：A：塔式起重机标准节；B：浮吊。钢围堰设计计算中应考虑的其他两个主要作用：冲刷、施工船舶撞击力。

2. 事件1中，主塔施工中还应配置的主要机械设备：施工电梯、蒸汽养护设备。

3. 事件2中，劲性骨架的主要作用还应包括保证模板安装精度和拉索预埋导管空间定位精度的作用。
主塔施工还应监控的两个主要参数：平面位置和线形。

4. 事件3中，特种设备使用还应做好的两个相关记录：
（1）特种设备日常使用状态记录（特种设备运行记录）。
（2）特种设备维护保养记录。
逐条改正施工单位特种设备使用管理中的错误做法：
改正一：特种设备登记标志应当置于或者附着于该特种设备的显著位置。
改正二：设备检验合格有效期届满前1个月向特种设备检验检测机构提出定期检验要求。

（四）

1. 逐条判断事件1中施工单位针对各级围岩制定的施工方法是否适用：①适用。②适用。③适用。④不适用，改正：应采用环形开挖预留核心土法。

2. 逐条判断事件2中施工单位制定的安全步距是否正确：

①不正确。正确做法：仰拱与掌子面的距离，Ⅳ级围岩不得超过50m，Ⅴ、Ⅵ级围岩不得超过40m。

②正确。

3. 事件3中项目部制定的喷射混凝土质量检验基本要求不齐全。

补充：（1）钢架与围岩之间的间隙应采用喷射混凝土充填密实。

（2）喷射混凝土表面平整度应符合施工技术规范规定。

喷射混凝土实测项目中的关键项目：喷射混凝土强度、喷层与围岩接触状况。

4. 周边小导管注浆适用于Ⅴ级围岩。

帷幕注浆适用于Ⅵ级围岩。

小导管注浆工艺流程中工序M的名称：安装小导管。

5. 补充事件5中进度检查的主要内容：资源使用及进度的互配情况。

进度计划调整通常采用的另一种方法：改变某些工作间的逻辑关系。

该隧道工程专项施工方案需要专家论证。理由：K1+660~K1+850段Ⅴ级围岩长度为190m>100m，且K1+660~K1+850段Ⅴ级围岩连续长度占总隧道长度190/1850=10.27%≥10%；Ⅵ级围岩的隧道工程。

（五）

1. 投标报价合计：80282.5+96.6+2311.8=82690.9万元。

建筑工程一切险清单子目投标报价合计：230.6+9.7+6.8=247.1万元。

安全生产费清单子目投标报价合计：89150×2%=1783.0万元。

临时道路修建、养护与拆除清单子目应填的数量是1。

2. A、B、C、D区域应对应的最合理工作区分别是：

A：钢筋加工区；B：梁板预制区；C：梁板成品堆放区；D：砂石料堆放区。

3. 事件2中两处错误与改正：

（1）错误之处1：台座采用重力式台座；

改正：台座应采用钢筋混凝土框架式台座。

（2）错误之处2：台座采用强度等级C20的混凝土底模；

改正：底模宜采用通长钢板底模。

4. 事件3中重大事故隐患排查E、F设施的内容：E：防火；F：临时用电。

临时便桥需要编制专项施工方案。

5. 不可按表2中购买的第三者责任险向保险公司索赔监理工程师重伤赔偿费。

事件4中所列安全教育与培训人员必须持证上岗的特种作业工有4种，分别是钢板热切割工、钢筋焊接工、叉车工、龙门架升降机操作工。

2022年度全国一级建造师执业资格考试

《公路工程管理与实务》

真题及解析

2022年度《公路工程管理与实务》真题

一、单项选择题（共20题，每题1分。每题的备选项中，只有1个最符合题意）

1. 关于填土路堤施工过程质量控制的说法，正确的是（　　）。

   A. 施工过程中每填筑三层后应进行压实度检测

   B. 压实度检测频率由现场监理工程师确定

   C. 填土路堤压实度检测只能采用灌砂法

   D. 施工过程中，每填筑2m宜检测路基中线和宽度

2. 下列对路基常用爆破方法的描述，符合光面爆破特征的是（　　）。

   A. 在没有侧向临空面和最小抵抗线的情况下，用控制药量爆破的方法，使拟爆体与山体分开，作为隔震减震带

   B. 两相邻药包或前后排药包以若干毫秒的时间间隔依次起爆

   C. 在有侧向临空面的情况下，用控制抵抗线和药量的方法进行爆破

   D. 利用爆能将大量土石方按照指定的方向，搬移到一定的位置并堆积成光滑平整的路堤

3. 下列可作为预防路基横向裂缝的措施是（　　）。

   A. 路基填料禁止使用液限大于50、塑性指数小于26的土

   B. 同一填筑层不得混用不同种类的土

   C. 路床底以下的路基填筑，严格控制每一填筑层的含水率，标高、平整度的控制可适当放宽

   D. 路基顶填筑层压实厚度小于8cm

4. 关于热拌沥青混合料基层压实的说法，正确的是（　　）。

   A. 热拌沥青混合料的压实应按初压和终压（包括成型）两个阶段进行

   B. 初压时，压路机应从公路中心向外侧碾压，相邻碾压带应重叠1/3~1/2轮宽

   C. 终压可选用双轮钢筒式压路机或关闭振动装置的压路机进行碾压，不宜少于两遍且无轮迹

   D. 初压应在混合料摊铺后较高温度下进行，终压成型的终了温度不作要求

5. 下列可用作高速公路沥青路面上面层的是（　　）。

A. 沥青表面处治路面　　　　　　B. 沥青贯入式路面
C. 沥青碎石路面　　　　　　　　D. 沥青混凝土路面

6. 水泥混凝土路面铺筑方式中，技术层次、装备水平和施工要求最高的是（　　）。
A. 小型机具铺筑　　　　　　　　B. 滑模摊铺机铺筑
C. 三辊轴机组铺筑　　　　　　　D. 碾压混凝土铺筑

7. 预应力钢丝、钢绞线、螺纹钢筋进场分批检验时，每批质量分别不大于（　　）t。
A. 100、60、60　　　　　　　　B. 60、100、60
C. 60、60、100　　　　　　　　D. 60、100、100

8. 关于基坑开挖安全防护要求的说法，正确的是（　　）。
A. 在基坑边缘与荷载之间应设置护道，基坑深度不大于4m时，护道宽度不大于0.5m
B. 在基坑边缘与荷载之间应设置护道，基坑深度大于4m时，护道宽度为1m
C. 深基坑四周距基坑边缘不大于0.5m处应设置钢管护栏，挂密目式安全网
D. 基坑周边1m范围内不得堆载和停放设备

9. 下列关于悬臂浇筑边跨合龙施工流程的表述，正确的是（　　）。
A. 施工准备及模架安装→设置平衡重→合龙锁定→普通钢筋及预应力管道安装→浇筑合龙段混凝土→预应力施工→拆模、落架
B. 施工准备及模架安装→设置平衡重→普通钢筋及预应力管道安装→合龙锁定→浇筑合龙段混凝土→预应力施工→拆模、落架
C. 施工准备及模架安装→普通钢筋及预应力管道安装→设置平衡重→合龙锁定→浇筑合龙段混凝土→预应力施工→拆模、落架
D. 施工准备及模架安装→普通钢筋及预应力管道安装→合龙锁定→设置平衡重→浇筑合龙段混凝土→预应力施工→拆模、落架

10. 关于隧道开挖方法及其适用范围的说法，正确的是（　　）。
A. Ⅴ级围岩中小跨度隧道在采用了有效的加固措施后，可采用全断面法开挖
B. 台阶法适用于Ⅲ~Ⅳ级围岩的单向四车道隧道
C. 环形开挖预留核心土法适用于Ⅳ~Ⅴ级围岩的中小跨度隧道
D. 中隔壁法（CD法）适用于围岩较差、浅埋、地表沉降需要控制的单向四车道隧道

11. 下列盾构机类型中，属于密闭式盾构机的是（　　）。
A. 手掘式盾构机　　　　　　　　B. 土压式盾构机
C. 半机械式盾构机　　　　　　　D. 机械式盾构机

12. 关于护栏施工技术要求的说法，正确的是（　　）。
A. 立柱打入的护栏应在沥青路面基层铺筑之前进行施工
B. 混凝土桥梁护栏应在桥面的两侧对称进行施工
C. 中央分隔带开口护栏的端头基础应在上面层铺筑结束后进行施工
D. 护栏的钢构件可不进行防腐处理

13. 关于岩爆地段隧道施工的说法，正确的是（　　）。
A. 隧道应采用严格控制装药量的光面爆破技术

B. 一般情况下，每循环进尺宜控制在 2.0~2.5m

C. 防岩爆锚杆可采用能及时受力的锚杆，锚杆长度应不大于 1.5m

D. 开挖后应滞后进行喷射混凝土封闭

14. 关于公路配电工程所采用的钢管及其敷设的说法，正确的是（　　）。

　　A. 潮湿场所应采用薄壁钢管

　　B. 钢管外壁应做防腐处理，内壁可不进行防腐处理

　　C. 镀锌钢管应采用螺纹连接或套管紧定螺栓连接

　　D. 钢管伸入到接线盒内的管口与地面的距离应不大于 100m

15. 公路工程中，常常将"S"曲线与（　　）合并于同一图表中，称之为"公路工程进度表"。

　　A. 横道图　　　　　　　　　B. 垂直图

　　C. 斜率图　　　　　　　　　D. 网络图

16. 目前，我国沥青混凝土配合比设计采用（　　）。

　　A. 旋转压实试验配合比设计法　　B. 最大密度试验配合比设计法

　　C. 马歇尔试验配合比设计法　　　D. 最大强度试验配合比设计法

17. 根据《公路工程质量检验评定标准 第一册 土建工程》，公路工程项目应进行质量评定的最小工程单元是（　　）。

　　A. 工序　　　　　　　　　　B. 分项工程

　　C. 分部工程　　　　　　　　D. 单位工程

18. 公路工程项目职业健康安全管理体系实施与控制的核心是（　　）。

　　A. 一岗双责　　　　　　　　B. "三个必须"原则

　　C. 安全管理"五同时"　　　　D. 安全生产责任制

19. 某企业具有公路工程施工总承包三级资质，下列工程中，该企业可承担的是（　　）。

　　A. 一级标准的公路工程施工

　　B. 二级标准以下公路，单座桥长大于 800m 的桥梁工程施工

　　C. 二级标准以下公路，单座桥长 500m 以下、单跨跨度 50m 以下的桥梁工程施工

　　D. 二级标准以下公路，断面 40m² 以下且单洞长度 500m 以下的隧道工程施工

20. 根据《公路工程设计变更管理办法》，下列情形中，属于重大设计变更的是（　　）。

　　A. 连续长度 2km 以下的路线方案调整的

　　B. 特大桥的结构形式发生变化的

　　C. 隧道施工方案发生变化的

　　D. 工程费用超过施工图设计批准预算的

二、多项选择题（共 10 题，每题 2 分。每题的备选项中，有 2 个或 2 个以上符合题意，至少有 1 个错项。错选，本题不得分；少选，所选的每个选项得 0.5 分）

21. 公路工程改建时，新旧路基衔接的技术处理措施有（　　）。

3

A. 将旧土路肩翻晒

B. 将旧土路肩掺灰重新碾压

C. 低等级公路改建时，新旧路基处理可不挖台阶

D. 改进路基开挖台阶的方案，以消除旧路基边坡压实度不足

E. 采取合理工艺，减少新旧路基结合处不均匀沉降

22. 关于水准点复测与加密的要求，正确的有（　　）。

A. 水准点精度应符合规范的规定

B. 同一建设项目应采用同一高程系统，并与相邻项目高程系统相衔接

C. 临时水准点应符合相应等级的精度要求，并与相邻水准点闭合

D. 对设计提供的水准点，施工前只能加固并永久使用

E. 水准点应进行不定期检查和定期复测，复测周期不低于9个月

23. 下列路面粒料基层中，属于嵌锁型的有（　　）。

A. 泥结碎石基层　　　　　　B. 级配碎石基层

C. 泥灰结碎石基层　　　　　D. 填隙碎石基层

E. 级配砾石基层

24. 从功能上分类，水泥混凝土路面横缝可分为（　　）。

A. 横向反射缝　　　　　　　B. 横向施工缝

C. 横向沉降缝　　　　　　　D. 横向缩缝

E. 横向胀缝

25. 桥梁高度简称桥高，指（　　）。

A. 桥面与低水位之间的高差

B. 桥面与地面之间的高差

C. 桥面与设计水位之间的高差

D. 桥面与桥下线路路面之间的距离

E. 桥面与桥跨结构最下缘之间的距离

26. 隧道工程中，以围岩分级为主要依据进行确定的有（　　）。

A. 设计时速　　　　　　　　B. 施工方法

C. 公路等级　　　　　　　　D. 隧道施工劳动定额

E. 衬砌结构类型及尺寸

27. 货运车辆失控风险较高的路段需设置避险车道，避险车道主要包括（　　）。

A. 加宽车道　　　　　　　　B. 引道

C. 制动床　　　　　　　　　D. 救援车道

E. 应急车道

28. 编制公路项目标后预算时，应引入专项费用的有（　　）。

A. 场地平整、硬化费用　　　B. 临时工作便道的维修费用

C. 指挥车辆使用费用　　　　D. 施工安全风险评估费用

E. 工地试验室建设费用

29. 关于公路工程量清单内容的说法，正确的有（   ）。

A. 约定计量规则中没有的子目，其工程量按照有合同约束力的图纸所标尺寸的理论净量计算

B. 工程量清单中所列工程数量是实际施工数量

C. 工程量清单中所列工程数量是投标报价的共同基础，也是最终结算与支付的依据

D. 工程量清单应与计量与支付条款结合起来理解或解释

E. 工程量清单中每一子目须填入单价或价格，且只允许有一个报价

30. 下列应进行桥梁施工安全风险评估的工程有（   ）。

A. 跨径大于150m的钢筋混凝土拱桥　　B. 跨径200m的梁式桥

C. 墩高200m的桥梁工程　　　　　　　D. 跨径200m的斜拉桥

E. 跨径500m的悬索桥

三、实务操作和案例分析题［共5题，（一）、（二）、（三）题各20分，（四）、（五）题各30分］

（一）

背景资料：

某施工单位在南方旅游区承建某一级公路水泥混凝土路面工程，起讫桩号为K0+000～K22+000，当地建筑材料充足。该公路设计速度为80km/h，双向四车道，单车道宽度3.75m，硬路肩宽度为2.5m。公路左侧临河，填方路堤高度为3~5m，临河侧及中央分隔带侧均设置了安全防撞护栏。该工程主要的施工项目有：级配碎石底基层、水泥稳定碎石基层、水泥混凝土面层、中央分隔带、路面防排水及交通安全设施等。路面结构如图1所示。

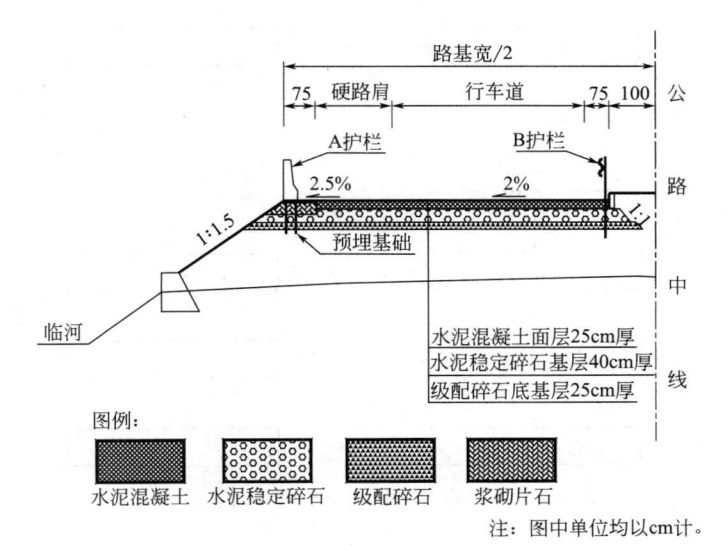

图1　路面结构示意图

施工过程中发生了如下事件：

事件1：为确保路面基层的施工质量、提高施工效率，项目部在底基层检验合格后，计划对路面基层分两层、等厚度进行摊铺、碾压、成型。根据项目部配置的人员和设备，项目部铺筑了试验路段，确定了基层混合料的松铺系数为1.32，并根据该松铺系数确定基层松铺厚度，以确保碾压成型后的基层厚度满足设计要求。

事件2：水泥混凝土路面采用滑模摊铺机进行施工，施工前，项目部技术人员编写了详细的施工方案，拟报上级部门审批。其中部分技术要求如下：

（1）水泥混凝土搅拌楼的配备，应优先选配间歇式搅拌楼，也可使用连续搅拌楼。

（2）水泥混凝土搅拌时，外加剂应以稀释溶液加入，其稀释用水和原液中的水量，不得从拌合加水量中扣除。

（3）滑模摊铺机起步时，应先开启振捣棒，在2~3min内调整振捣到适宜频率，使进入挤压板前缘拌合物振捣密实，无大气泡冒出破灭，方可开动滑模机平稳推进摊铺。

（4）抗滑纹理做毕，应立即开始保湿养护，并立即连接摊铺相邻车道面板。

事件3：施工单位以公路施工项目为对象，开展施工成本管理和控制。施工项目成本管理流程如图2所示，表明了施工项目成本管理的流程及其对应的主要管理内容。通过实施该成本管理措施，该路面工程取得了良好的经济效益。

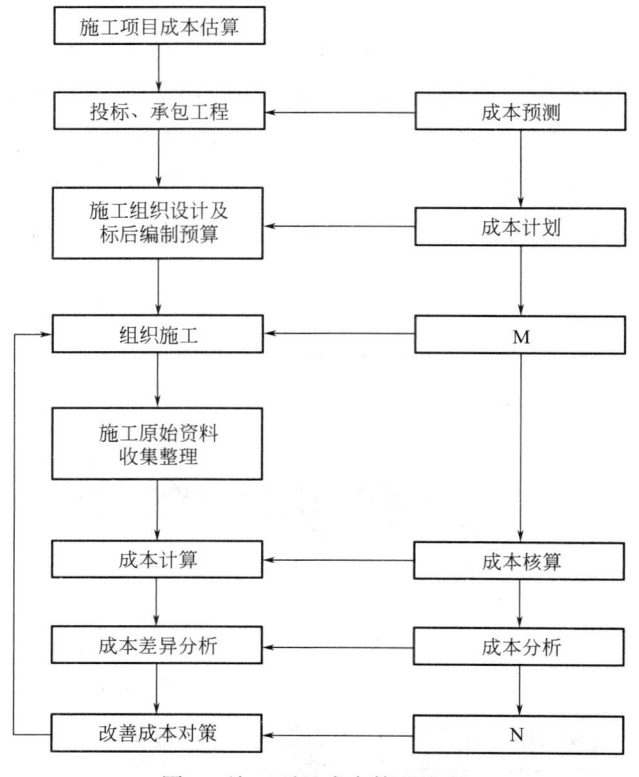

图2 施工项目成本管理流程

问题：

1. 按护栏的结构类型，写出图1中设置的A护栏和B护栏的类型名称。

2. 计算事件 1 中路面基层分层摊铺时的单层松铺厚度（单位：cm，精确到小数点后 1 位）。

3. 逐条判断事件 2 中的措施是否正确。若不正确，改正错误之处。

4. 写出事件 3 流程图中的 M、N 对应的成本管理名称。

（二）

背景资料：

某施工单位承建了长度为 15km 的高速公路路基工程，合同工期 2 年。主要工程内容包括：路基、桥梁、通道涵洞、防护及排水等。其中，路基工程有约 3km 连续段落需进行软基处理，并经 90d 预压后进行路基填筑，本段落软基处理深度在 4~8m，设计要求以竖向排水体方式进行软基处理；填方边坡高度在 3~21m，为保证高填方路基稳定，设计采用了 3m 高 6m 宽的反压护道。本合同段路基挖、填方边坡均采取浆砌片石坡面防护。工程实施过程中，发生如下事件：

事件1：项目部就本合同段路基工程编制了施工方案，主要内容包括：①编制依据；②工程概况；③工艺流程及操作要点，关键技术参数与技术措施；④施工技术方案设计图；⑤技术方案的主要计算书；⑥A、B、质量保证，文物保护及文明施工措施；⑦危险性较大的分部分项工程安全专项施工方案。

事件2：软基处理完成后，项目部为加快工程进度采取了如下措施：

（1）在软基路段堆载预压期间进行桥台、涵洞、通道工程施工。

（2）路堤与反压护道分开填筑，待所有路堤施工完成后再进行反压护道施工。

事件3：在软基处理后的高填方路段，路基防护工程设计采用了三级浆砌片石护坡，为便于边坡后期维护，每 200m 长度内间断采用了 10m 宽加厚浆砌片石护面墙，并按规范要求设计了防滑坎。施工队为了保证工程进度，提出如下技术措施：

（1）在路堤预压期间施工浆砌片石护坡。

（2）所有片石在路基坡面上直接铺筑后再以砂浆填充缝隙。

（3）片石护坡每 10~15m 应设置一道伸缩缝，缝宽宜为 20~30mm。基底地质有变化处应设沉降缝。且伸缩缝与沉降缝可合并设置。

（4）砂浆初凝后，立即进行养护，砂浆终凝前，砌体应覆盖。

（5）护面墙施工完成后再施工防滑坎。

事件4：工程开工半年后，因特殊原因，经专家论证，建设单位下发正式文件要求本合同工程提前半年交工，并在文件中指令将路基预压期压缩为 70d。承包人为响应该要求，及时向内部自行招标确定的分包队伍下达了新的工期计划，经共同努力提前半年完成了全部合同工程。工程交工后，本合同段承包人及时向建设单位提交了相关工期及费用的书面索赔报告。

问题：

1. 结合背景资料，写出软基处理关于竖向排水体较常用的两种方式。
2. 结合事件1及你对工程管理过程中编制施工方案的理解，完善第⑥条中 A、B 的内容。
3. 事件2中（1）、（2）两项措施均明显错误，写出正确做法。
4. 逐条判断事件3中的措施是否正确。若不正确，写出正确做法。

5. 结合事件4，施工单位在执行建设单位下达的文件前，监理方应补充什么手续？

6. 事件4中，承包人向建设单位提交书面索赔报告的做法是否正确？并说明理由。另写出分包人应向哪个单位提交索赔报告？

(三)

背景资料:

某施工单位承建一座平原区跨河桥梁,主桥上部结构为(70+120+120+70)m的连续箱梁,对应的桥墩编号依次为0号、1号、2号、3号、4号。0号桥墩和4号桥墩位于河滩岸上,基础均由4根40m长、直径2.0m的桩基础和方形承台组成,桩基础穿越的地层从上至下依次为黏土、砂土、砂卵石、强风化砂岩及弱风化砂岩。1号桥墩、2号桥墩和3号桥墩位于水中,基础均由7根直径2.2m的桩基础和圆形承台组成,其中1号桥墩和3号桥墩的桩长为60m,深水区域2号桥墩的桩长为70m。2号桥墩桩基础施工如图3所示,图3中h_1为围堰顶与最高水位的竖向间距,L为围堰内边缘与承台边缘的水平距离。桩基础穿越的地层从上至下依次为3m深的淤泥、5m深的砂卵石、强风化砂岩及弱风化砂岩。

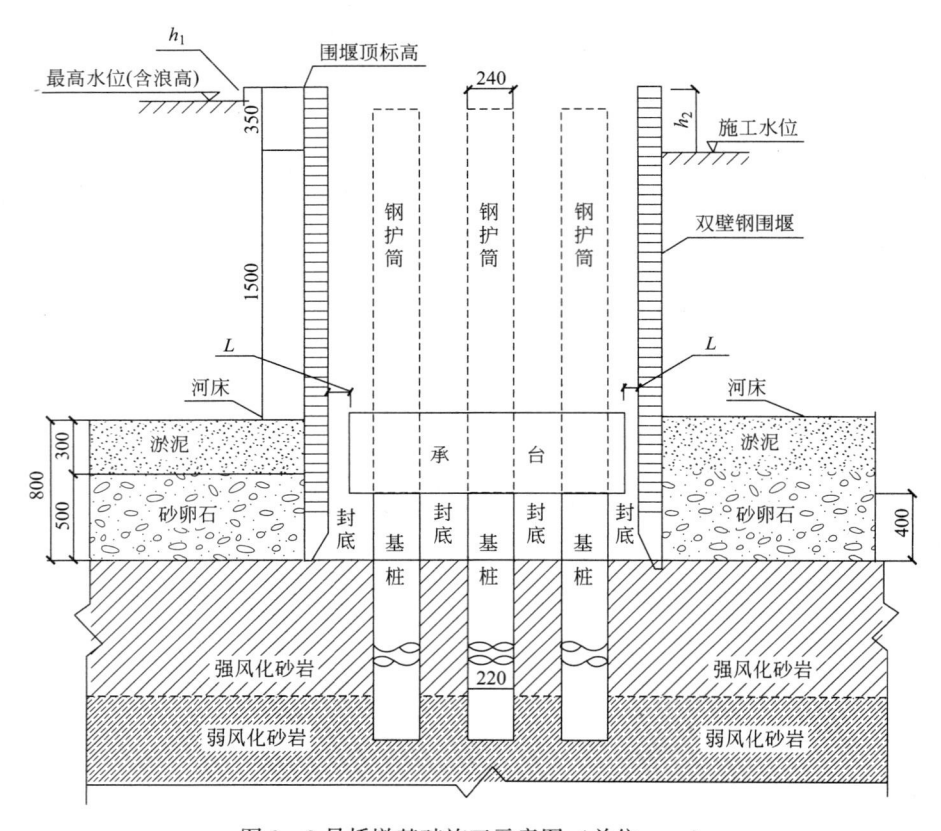

图3 2号桥墩基础施工示意图(单位:cm)

施工单位进场后根据实际情况编制了桥梁基础的施工方案,其中部分技术要求如下:
(1)桥梁桩基础均采用冲击钻成孔。
(2)考虑到河滩岸上地质情况较好,对桥墩位置的地面进行清理、整平夯实后安装型钢,形成了桩基础钻孔工作平台;承台基坑采用放坡开挖工艺进行施工。
(3)水中桩基础利用钢管桩工作平台进行施工,施工完成后拆除工作平台。
(4)圆形双壁钢围堰采用分块分节拼装工艺施工,经灌水、吸砂下沉至设计位置;再进行混凝土封底并抽水后，进行圆形承台施工。

施工单位按程序报批了桥梁基础的施工方案，项目部总工按规定向 A 及 B 进行了第一级施工技术交底。后续施工过程中发生了如下事件：

事件1：基于0号桥墩位于岸上且地质情况较好的实际情况，施工单位将原桩基础的冲击钻孔工艺改为人工挖孔工艺，监理单位依据《公路水运工程淘汰落后工艺、设备、材料目录》的相关规定制止了施工单位的做法。

事件2：第一根桩成孔验收合格后，施工单位按照规定安装了钢筋笼，利用氧气瓶对灌注水下混凝土的导管进行试压，被监理制止；施工单位之后规范了导管的检验方法，对导管进行了 C 和 D 试验，未发现异常。

事件3：第一根桩首批混凝土灌注顺利，当混凝土正常灌注至20m桩长位置时，导管顶部往下约2~3m位置发生堵管，经取样测得混凝土坍落度为26cm，及时采用型钢冲散堵管混凝土，后续混凝土灌注未发生异常。

事件4：2号桥墩桩基础施工完成后，施工单位拆除了钻孔工作平台，将圆形双壁钢围堰下沉至设计位置，对围堰基底进行认真清理和整平后，随即灌注了水下封底混凝土。封底混凝土的厚度经计算确定为4m，计算时考虑了桩周摩阻力、围堰结构自重等因素。封底混凝土达到龄期要求后，施工承台前，围堰内侧周边发生渗漏，处理后未对后续工序造成影响。

问题：

1. 针对水中基础施工，施工单位需编制哪些专项施工方案？写出背景资料中 A、B 的具体内容。

2. 根据《公路水运工程淘汰落后工艺、设备、材料目录》的规定，写出事件1中桩基础人工挖孔工艺属于哪种淘汰类型？

3. 写出事件2中 C、D 的具体内容。

4. 写出事件3中处理导管堵管的另一种方法，并从坍落度的角度分析导管堵管的原因。

5. 写出图3中 L、h_1 的技术要求（以 m 为单位）。说明事件4中围堰渗漏的原因及封底混凝土厚度计算重点还应考虑的其他两个因素。

(四)

背景资料:

某高速公路双向六车道分离式隧道,左洞长825m,起讫桩号为ZK16+435~ZK17+260,右洞长840m,起讫桩号为YK16+440~YK17+280。隧道进出口均为V级围岩,洞身包含Ⅱ、Ⅲ和Ⅳ级围岩。由于地形和地质条件限制,隧道采用出口向进口单向掘进的施工方案。隧道出口段浅埋且以软弱破碎地层为主,属不良地质。隧道出口端设计为端墙式洞门,洞门设计如图4所示。

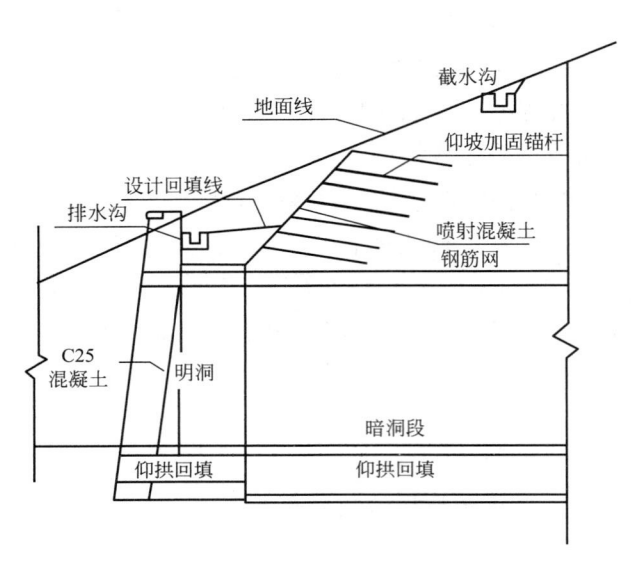

图4 隧道洞门示意图

施工过程中发生了如下事件:

事件1:为降低地表水对隧道施工的影响,洞口排水系统的技术要求如下:①仰坡坡顶的截水沟应结合永久排水系统在洞口开挖前修建;②洞顶截水沟不应与路基边沟顺接组成排水系统;③洞门排水沟应与洞门结构同时完成;④洞口截水、排水设施不应在融雪期之前完成;⑤截水沟迎水面不得低于原地面,回填应密实且不易被水掏空。

事件2:为保障进洞施工安全,采用超前管棚支护辅助施工措施,其施工流程包括:①钻孔;②管棚钢管内注浆;③浇筑导向墙(包括安设导向管);④插入钢筋笼;⑤打设管棚钢管。

事件3:隧道洞口段施工时,明洞衬砌施作应遵循以下技术要求:①明洞衬砌内模板应采用衬砌模板台车,并应设置外模和固定支架;②明洞衬砌拱圈混凝土混合料坍落度宜控制在150mm以下;③混凝土入模温度应控制在5~32℃范围内;④明洞混凝土强度达到80%后方可拆除内模。

事件4:施工单位编制了隧道施工组织设计和标后预算,标后预算中的自有机械费用由不变费用和可变费用组成。项目计划工期为2年10个月,实际工期比计划工期节省了4个月。施工时投入了2台挖掘机、4台装载机和2套二衬台车等自有机械设备,其中每台装载机的原价为 42 万元，年折旧率为 12%。

问题：

1. 逐条判断事件 1 中洞口排水系统的技术要求是否正确。若不正确，写出正确的做法。
2. 写出事件 2 中正确的超前管棚支护施工流程（用编号表示，如①②……）。
3. 综合安全、质量、进度和经济等因素，写出隧道出口段适宜的两种开挖方法，并说明理由。
4. 逐条判断事件 3 中明洞衬砌施工遵循的技术要求是否正确。若不正确，写出正确做法。
5. 计算事件 4 中所有装载机在该项目实际发生的折旧费，并写出自有机械不变费用中折旧费之外包含的其他三项费用名称。

（五）

背景资料：

某高速公路位于山岭重丘区，其中 K3+780～K4+640 为路堑工程，局部路段存在小型滑坡，采用削坡减载方法处治。路基某分项工程 W 的施工网络计划图如图 5 所示。

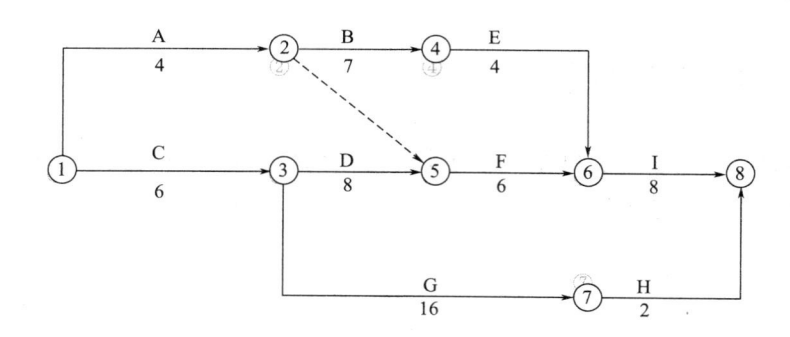

图 5　分项工程 W 施工网络计划图（单位：d）

施工过程中发生了如下事件：

事件 1：针对 K3+780～K4+640 段滑坡处治，施工单位编制了专项施工方案，经下列具体流程处理后实施：施工单位技术负责人审核签字、加盖施工单位项目部公章，专业监理工程师审查签字、加盖执业印章。

事件 2：针对削坡减载工作，施工单位制定了相应的技术措施，部分内容如下：①边坡开挖自下而上逐级进行；②边坡开挖严禁采用爆破法施工；③开挖坡面宜适当超挖；④开挖坡面上有裂缝时，应予灌浆封闭或开挖夯填。

事件 3：分项工程 W 施工时，出现下列 2 种情形：

（1）工作 A、B 按进度顺利完成，但工作 E 施工时，施工单位发现图纸存在错误，经技术论证后，由设计单位对图纸进行修改后继续施工，由此造成工作 E 停滞 3d。

（2）工作 D 施工时，因施工现场条件变化，建设单位提出了更高的质量要求，导致工作 D 工作量增加了 30%。

针对上述情形造成的工期延长和费用增加，施工单位向监理单位递交了工期索赔和费用索赔的申请。

事件 4：施工过程中，施工单位积极开展安全生产事故隐患排查工作，避免安全事故的发生。采用的安全生产事故隐患排查方式有日常安全生产检查等。

问题：

1. 改正事件 1 中专项施工方案处理流程的错误之处。判断该专项施工方案是否需要召开专家论证会，并说明理由。

2. 逐条判断事件 2 中的技术措施是否正确。若不正确，改正错误之处。

3. 写出分项工程 W 的施工关键线路（用①→②……或 A→B……形式表达），并计算其总工期。

4. 逐条判断事件 3 中的工期索赔和费用索赔是否成立，并说明理由。

5. 补充事件 4 中安全生产事故隐患排查的其他两种方式。

2022年度真题参考答案及解析

一、单项选择题

1. D；	2. C；	3. B；	4. C；	5. D；
6. B；	7. C；	8. D；	9. B；	10. C；
11. B；	12. B；	13. A；	14. C；	15. A；
16. C；	17. B；	18. D；	19. C；	20. B。

【解析】

1. D。本题考核的是土路堤施工过程质量的控制。选项A错在"三层"这个说法，应该是"每一压实层均应进行压实度检测"。选项B错在"监理工程师确定"这个说法，应该是"每1000m² 不少于2点"。选项C错在"只能"这个说法，压实度检测还可以采用环刀法等方法。选项D正确。

2. C。本题考核的是路基常用爆破方法。路基常用爆破方法包括光面爆破、预裂爆破、微差爆破和定向爆破。选项A属于预裂爆破的特征。选项B属于微差爆破的特征。选项C属于光面爆破的特征。选项D属于定向爆破的特征。

3. B。本题考核的是路基横向裂缝预防措。选项A中的"小于26"的说法有误，应该是"大于26"。选项B正确。选项C中的"标高、平整度的控制可适当放宽"的说法有误，标高和平整度也应该严格控制。选项D中的"小于"的说法有误，应该是"不小于"。

4. C。本题考核的是热拌沥青混合料基层的压实。选项A中的"初压和终压（包括成型）两个阶段"的说法有误，应该是按初压、复压和终压（包括成型）三个阶段进行。选项B中的"从公路中心向外侧碾压"的说法有误，应该是"从外侧向中心碾压"。选项C正确。选项D中的"终压成型的终了温度不作要求"的说法有误，终压成型的终了温度应符合规范要求。

5. D。本题考核的是不同技术品质和使用情况的沥青路面类型的适用范围。选项A一般用于三、四级公路，也可用作沥青路面的磨耗层、防滑层。选项B适用于三、四级公路，也可作为沥青混凝土面层的联结层。选项C中的热拌沥青碎石适宜用于三、四级公路；中粒式、粗粒式沥青碎石宜用作沥青混凝土面层下层、联结层或整平层。选项D适用于各级公路面层，所以就可用作高速公路沥青路面的上面层。

6. B。本题考核的是水泥混凝土路面面层铺筑的技术方法。目前通常采用的水泥混凝土路面面层铺筑的技术方法就是选项中的四种。对技术层次、装备水平和施工要求从低到高的排序依次为：小型机械铺筑、三辊轴机组铺筑、碾压混凝土和滑模摊铺机施工。因此，施工要求最高的就是选项B。

7. C。本题考核的是预应力筋进场的分批验收。除了掌握每批质量的要求外，还需要了解抽查的数量：(1) 预应力钢丝应从每批中抽查5%且不少于5盘；(2) 预应力钢绞线应从每批中任取3盘；(3) 螺纹钢筋应在每批中任选2根钢筋。

8. D。本题考核的是基坑开挖安全防护的要求。选项A中的"不大于0.5m"的说法有误，应该是"不小于1m"。选项B中的"护道宽度为1m"的说法有误，应该是"按边坡稳定计算的结果进行适当加宽"。选项C中的"不大于0.5m处"的说法有误，应该是"不小于1m处"。选项D正确。

9. B。本题考核的是悬臂浇筑边跨合龙施工流程。这个题是对处于中间的3个流程的顺序进行了不同的排序。考生还需要了解边跨合龙施工的流程。

10. C。本题考核的是隧道开挖方法及其适用范围。隧道开挖的方法有全断面法、台阶法、环形开挖预留核心土法、中隔壁法（CD法）、交叉中隔壁法（CRD法）、双侧壁导坑法和中洞法，每种方法的适用范围是很重要的采分点。选项A中的"Ⅴ级围岩中小跨度"的说法有误，应该是"Ⅳ级围岩中跨度和Ⅲ级围岩大跨度"。选项B错误，正确的表述是：台阶法适用于Ⅲ~Ⅳ级围岩的中小跨度隧道。选项C正确，环形开挖预留核心土法适用于Ⅳ~Ⅴ级围岩或一般土质围岩的中小跨度隧道。选项D错误，正确的表述是：中隔壁法（CD法）适用于围岩较差、跨度大、浅埋、地表沉降需要控制的场合。

11. B。本题考核的是盾构机的类型。盾构机可按开挖面是否封闭划分为密闭式和敞开式两类。密闭式盾构机按平衡开挖面土压与水压的原理不同分为土压式和泥水式两种；敞开式盾构机按开挖方式不同分为手掘式、半机械式和机械式三种。

12. B。本题考核的是交通安全设施的护栏的施工技术要求。选项A中的"基层铺筑之前"的说法有误，应该是"下面层施工完毕后"。选项B正确。选项C中的"在上面层铺筑结束后进行施工"的说法有误，应该是"在路面面层施工前完成"，预埋基础也应在路面面层施工前完成，其余部分应在路面施工后安装。选项D中的"可不进行"的说法有误，应该是"所有钢构件均应进行"。

13. A。本题考核的是岩爆隧道的施工要求。选项A正确。选项B中的"2.0~2.5m"的说法有误，应该是"1.0~1.5m"。选项C中的"应不大于1.5m"的说法有误，应该是"宜为2m左右"。选项D中的"滞后"的说法有误，应该是"及时"。

14. C。本题考核的是公路配电工程中对钢管敷设的要求。选项A中的"薄壁"的说法有误，应该是"厚壁"，干燥场所才应采用薄壁钢管。选项B中的"内壁可不进行防腐处理"的说法有误，应该是"内壁和外壁都应该做"。选项C正确，薄壁钢管也应采用螺纹连接或套管紧定螺栓连接。选项D中的"应不大于100m"的说法有误，应该是"宜大于200mm"。

15. A。本题考核的是公路工程进度计划。考生要理解这五种形式的主要作用。公路工程进度表既能反映各分部（项）工程的进度，又能反映工程总体进度。

16. C。本题考核的是沥青混凝土配合比设计的方法。其他三个方法不需要考生掌握。该方法主要测定的物理指标包括表观密度、空隙率、沥青饱和度、矿料间隙率、稳定度和流值等。

17. B。本题考核的是公路工程质量的评定。施工工序不需要判定。需要判定的顺序

17

（由小到大）：分项工程、分部工程、单位工程。

18. D。本题考核的是职业健康安全管理体系实施与控制的核心。选项A、B、C中都是在选项D的基础上进行的。考生在做类似题目时，如果有"责任制"这个表述，一定要选择。

19. C。本题考核的是公路工程施工总承包企业承包工程的范围。公路工程施工总承包企业等级分为特级、一级资质、二级资质和三级资质企业。选项A需要由特级或一级资质企业承担。选项B可以由二级资质以上的企业承担。选项C可以由三级资质以上的企业承担。选项D可以由二级资质以上的企业承担。所以，选项C是正确的。

20. B。本题考核的是重大设计变更的情形。公路工程设计变更分为重大设计变更、较大设计变更和一般设计变更。选项A、C、D都属于较大设计变更的情形。这是多项选择题很好的采分点，一定要对比理解。

二、多项选择题

21. A、B、D、E；   22. A、B、C；   23. A、C、D；
24. B、D、E；   25. A、B、D；   26. B、D、E；
27. B、C、D；   28. A、B、D、E； 29. A、D、E；
30. A、B、C。

【解析】

21. A、B、D、E。本题考核的是新旧路基衔接的技术处理措施。选项C的正确做法：需要设台阶。

22. A、B、C。本题考核的是水准点复测与加密要求。选项D中的"只能加固并永久使用"的说法有误，这个"只能"是该选项错误的关键，对可能受施工影响的水准点，施工前可以加固，也可以改移。选项E中的"不低于9个月"的说法有误，应该是"不超过6个月"。

23. A、C、D。本题考核的是路面粒料的分类。路面粒料分为嵌锁型和级配型。嵌锁型包括选项A、C、D，选项B、E属于级配型。级配型还包括符合级配的天然砂砾、部分砾石经轧制掺配而成的级配砾、碎石等。

24. B、D、E。本题考核的是路面横缝的分类。只包括这三种，考生要掌握这三种横缝的设置和施工技术的要求。

25. A、B、D。本题考核的是桥梁的相关尺寸。这不需太多解释，记住就可以。顺便说一下，关于桥梁的相关尺寸，还有几个概念需要理解，我们学习一下考试用书的内容，这个知识点在案例分析题中可能会考核。

26. B、D、E。本题考核的是围岩分级的作用。除了选项B、D、E外，还有材料消耗标准的制定也都是以围岩分级作为主要依据的。

27. B、C、D。本题考核的是避险车道的主要构成。各种交通安全设施的主要构成与功能是选择题很好的采分点。

28. A、B、D、E。本题考核的是专项费用的范围。选项C属于现场管理费的范畴。通过这个题目，考生应该清楚各项费用包括的具体费用，要能清楚分辨。

29. A、D、E。本题考核的是工程量清单的内容。选项B中的"实际施工数量"的说法有误，应该是"估算的或设计的预计数量"。选项C中的"也是最终结算与支付的依据"的说法有误，应该是"仅作为投标报价的共同基础，不能作为最终结算与支付的依据"。

30. A、B、C。本题考核的是桥梁施工安全风险评估的工程范围。正确解答这个题目的关键在于数值是否在要求的范围之内。选项A：对于钢筋混凝土拱桥来说，跨径大于或等于150m时就需要进行风险评估，因此是正确选项。选项B：对于梁式桥来说，跨径大于或等于140m时就需要进行风险评估，因此是正确选项。选项C：从墩高来说，大于100m时就需要进行风险评估，因此是正确选项。选项D：对于斜拉桥来说，跨径大于400m时才需要进行风险评估，因此是错误选项。选项E：对于悬索桥来说，跨径大于1000m时才需要进行风险评估，因此是错误选项。

三、实务操作和案例分析题

（一）

1. A护栏：钢筋混凝土护栏（钢筋混凝土墙式护栏），B护栏：波形梁护栏（金属梁柱式护栏）。

2. 本工程路面基层设计厚度为40cm，每层压实厚度：40/2=20cm。

路面基层单层松铺厚度：20×1.32=26.4cm。

3. （1）正确。

（2）不正确。正确做法：水泥混凝土搅拌时，外加剂应以稀释溶液加入，稀释用水和原液中的水量应从拌合加水量中扣除。

（3）正确。

（4）不正确。正确做法：抗滑纹理做毕，应立即开始保湿养护，养护龄期不应少于5d，且混凝土强度满足要求后，方可连续摊铺相邻车道面板。

4. M为成本控制，N为成本考核。

（二）

1. 竖向排水体较常用的两种方式：袋装砂井和塑料排水板。

2. A为安全，B为环保。

3. （1）的正确做法：桥台、涵洞、通道工程的施工应该在软基路段堆载预压沉降完成后（或沉降稳定后）进行。

（2）的正确做法：路堤与反压护道如需要分开填筑，应该在路堤达到临界高度前完成反压护道的施工。

4. （1）不正确。正确做法：浆砌片石护坡宜在路堤沉降稳定后施工。

（2）不正确。正确做法：所有片石都应坐于砂浆。

19

（3）正确。

（4）正确。

（5）不正确。正确做法：护面墙防滑坎应与墙身同步施工。

5. 结合事件4，施工单位在执行建设单位下达的文件前，监理单位或监理工程师或监理方应补充工程变更令（或变更指示）。

6. 不正确。

理由：承包人应该向监理工程师提交索赔报告。

分包人可以（或只能）向承包人提交索赔报告。

（三）

1.（1）需要编制：桩基础（或桩基或钻孔桩）、圆形双壁钢围堰工程、钢管桩水上作业平台（或水上工作平台）（或水上施工平台）专项施工方案。

（2）A为各部门负责人，B为全体技术人员。

2. 属于限制使用类型。

3. C为水密承压试验，D为接头抗拉试验。

4. 处理导管堵管的另一种方法：迅速提出导管，用高压水冲掉堵管混凝土后，重新放入导管浇筑混凝土。

从坍落度的角度分析导管堵管的原因：水下混凝土坍落度不符合规范要求（或超出规范要求），或宜为16~22cm（或160~220mm）。

5. 图3中L的技术要求：围堰内侧距承台边缘的净距宜不小于1m。

图3中h_1的技术要求：围堰顶面高程要高出施工期间最高水位（含浪高）0.5~0.7m。

围堰渗漏的原因：钢围堰在灌注封底混凝土之前，还应将桩身和堰壁上附着的泥浆冲洗干净，经检验合格后方可浇筑封底混凝土。

封底混凝土厚度计算重点还应考虑的其他两个因素：浮力及封底混凝土自身的强度。

（四）

1. ①正确。

②错误。正确做法：洞顶截水沟应与路基边沟顺接组成排水系统。

③正确。

④错误。正确做法：洞口截水、排水设施应该在融雪期之前完成。

⑤错误。正确做法：截水沟迎水面不得高于原地面。

2. 事件2中正确的超前管棚支护施工流程：③→①→⑤→④→②。

3. 隧道出口段适宜的开挖方法：中隔壁法、交叉中隔壁法。

理由：V级围岩、单向三车道或双向六车道或大断面隧道。

4. ①正确。

②错误。正确做法：明洞衬砌拱圈混凝土混合料坍落度宜控制在120mm以下。

③正确。

④错误。正确做法：明洞混凝土强度达到75%后可以拆除内膜。

5. 装载机在该项目实际发生的折旧费＝4×42×2.5×12%＝50.4万元。

自有机械不变费用中折旧费之外包含的其他三项费用名称：检修费、维护费、安拆辅助费。

（五）

1. 改正：专项施工方案应当由施工单位技术负责人签字、加盖单位公章，由总监理工程师审查签字、加盖执业印章后方可实施。

专项施工方案不需要召开专家论证会，理由：因为只有中型及以上滑坡体处理才需要专家论证，而本工程滑坡体为小型滑坡。

2. ①错误。正确做法：削坡减载应自上而下逐级开挖。

②正确。

③错误。正确做法：开挖坡面严禁超挖。

④正确。

3. 关键线路：①→③→⑤→⑥→⑧或C→D→F→I；总工期为28d。

4. （1）工期索赔不成立，费用索赔成立。

理由：工作E处于非关键工作，工作E总时差为5d，延后3d不影响总工期，所以工期索赔不成立。图线错误为设计单位过失，应当承担3d的人员机械闲置费用。

（2）工作D工期索赔成立，费用索赔成立。

理由：提出更高质量要求属于建设单位责任，且工作D为关键工作，增加工作量必然导致总工期的延长，因此工期索赔成立。提出更高质量要求是非承包人的责任，应当由业主承担。

5. 事件4中安全生产事故隐患排查的其他两种方式：综合安全检查、专项安全检查。

2021年度全国一级建造师执业资格考试

《公路工程管理与实务》

真题及解析

2021年度《公路工程管理与实务》真题

一、单项选择题（共20题，每题1分。每题的备选项中，只有1个最符合题意）

1. 预应力筋下料时应采用（　　）。
   A. 切断机切断　　　　　　　　B. 电弧切割
   C. 乙炔-氧气切割　　　　　　D. 拉伸机拉断

2. 关于土石路堤填筑的说法，正确的是（　　）。
   A. 土石路堤可采取倾填方式
   B. 土石路堤应分层填筑，分层压实
   C. 土石路堤宜用推土机铺填，松铺厚度不用限制
   D. 土石混合料可直接填筑至路床设计标高

3. 可用于排除地下水的排水设施是（　　）。
   A. 仰斜式排水孔　　　　　　　B. 拦水带
   C. 跌水　　　　　　　　　　　D. 急流槽

4. 关于热拌沥青混合料摊铺的说法，正确的是（　　）。
   A. 中、表面层采用走线法施工
   B. 摊铺机均匀行驶，行走速度和拌合站产量相匹配
   C. 在摊铺过程中，定时检查高程及摊铺厚度，时间间隔不超过1h
   D. 应采用摊铺机施工，任何部位均不可采用人工摊铺

5. 水泥混凝土路面施工时，模板拆除应在混凝土（　　）不小于8.0MPa方可进行。
   A. 抗压强度　　　　　　　　　B. 抗拉强度
   C. 抗剪强度　　　　　　　　　D. 弯拉强度

6. 路堑施工时，对于路面部分一般情况下应开挖至（　　）设计标高。
   A. 路基　　　　　　　　　　　B. 路面顶面
   C. 路床顶面　　　　　　　　　D. 上路堤顶面

7. 桥梁桥面与低水位之间的高差，称为（　　）。
   A. 建筑高度　　　　　　　　　B. 桥梁高度
   C. 桥下净空高度　　　　　　　D. 容许建筑高度

8. 某山区公路，K2+300~K2+800为路堑，路线纵坡为0.3%，两端地面纵坡较小，边坡最大高度为28m，该路堑开挖宜采用（　　）。

A. 通道纵挖法　　　　　　　　　　B. 多层横向全宽挖掘法
C. 单层横向全宽挖掘法　　　　　　D. 分段纵挖法

9. 拱桥拱肋采用缆索吊装法施工时，各段拱肋松索的先后顺序是（　　）。
A. 起重索、次拱脚段扣索、拱脚段扣索　　B. 次拱脚段扣索、拱脚段扣索、起重索
C. 拱脚段扣索、起重索、次拱脚段扣索　　D. 拱脚段扣索、次拱脚段扣索、起重索

10. 下列隧道超前地质预报方法中，属于物理勘探法的是（　　）。
A. 地质调查法　　　　　　　　　　B. 超前导洞法
C. 地质雷达法　　　　　　　　　　D. 水力联系观测法

11. 下列隧道支护手段中，属于超前支护的是（　　）。
A. 径向注浆　　　　　　　　　　　B. 管棚
C. 锁脚锚杆　　　　　　　　　　　D. 钢支撑

12. 收费系统施工中，车道内埋设抓拍和计数线圈的位置应为（　　）。
A. 素混凝土板，并保证没有板块接缝
B. 钢筋混凝土板横向接缝处
C. 连续配筋混凝土板，并保证没有板块接缝
D. 预应力混凝土板纵向接缝处

13. 下列流水参数中，属于工艺参数的是（　　）。
A. 施工段　　　　　　　　　　　　B. 流水步距
C. 流水强度　　　　　　　　　　　D. 组织间歇

14. 以公路里程或工程位置为横轴，以时间为纵轴，各分部（项）工程施工进度相应地以不同斜线表示的工程进度计划图是（　　）。
A. 横道图　　　　　　　　　　　　B. 垂直图
C. "S"曲线　　　　　　　　　　　D. 斜率图

15. 下列现浇墩、台身施工的质量检验实测项目中，属于关键项目的是（　　）。
A. 断面尺寸　　　　　　　　　　　B. 顶面高程
C. 轴线偏位　　　　　　　　　　　D. 平整度

16. 关于公路路基工程施工安全管理措施的说法，正确的是（　　）。
A. 地面横向坡度陡于1∶10的区域，取土坑应设在路堤下侧
B. 取土坑与路基坡脚间的护坡道应平整密实，表面应设1%~2%向内倾斜的横坡
C. 高路堤施工应进行位移监测
D. 取土场（坑）的深度不得超过2m

17. 关于支架现浇法施工风险控制措施的说法，正确的是（　　）。
A. 支架高度较高时，应设一根缆风绳
B. 支架高于6m时，应设置一道水平剪刀撑
C. 支架应设水平撑和双向斜撑，斜撑的水平夹角以45°为宜
D. 预压荷载应为梁重的1.05~1.10倍

18. 公路工程施工成本管理包括：①成本预测；②成本核算；③成本计划；④成本考核；⑤成本分析；⑥成本控制。正确的流程是（　　）。
A. ①③⑥⑤②④　　　　　　　　　B. ①⑥③⑤②④
C. ①⑥③④②⑤　　　　　　　　　D. ①③⑥②⑤④

19. 下列公路工程设计变更中，属于重大设计变更的是（　　）。

A. 互通式立交的方案发生变化　　　　B. 收费方式及站点位置、规模发生变化
C. 服务区的数量和规模发生变化　　　D. 长隧道的数量发生变化

20. 关于开标的说法，正确的是（　　）。
A. 开标应当在提交投标文件截止时间之后公开进行
B. 开标时，由招标人检查投标文件的密封情况
C. 投标人少于3个，但具有竞争性，可以进行开标
D. 投标人对开标有异议的，应当在开标现场提出

二、多项选择题（共10题，每题2分。每题的备选项中，有2个或2个以上符合题意，至少有1个错项。错选，本题不得分；少选，所选的每个选项得0.5分）

21. 毫秒微差爆破施工中，单孔装药量的计算参数有（　　）。
A. 孔距　　　　　　　　　　　　B. 梯段爆破单位耗药量
C. 爆破安全振动速度　　　　　　D. 台阶高度
E. 装药不耦合系数

22. 路基出现横向裂缝的原因有（　　）。
A. 路基填料直接采用了液限大于50、塑性指数大于26的土
B. 同一填筑层路基填料混杂，塑性指数相差悬殊
C. 施工设备超载严重
D. 填筑顺序不当，路基顶填筑层作业段衔接施工工艺不符合规范要求
E. 排水措施不力，造成积水

23. 无机结合料稳定基层生产配合比设计应包括的技术内容有（　　）。
A. 确定料仓供料比例
B. 确定水泥稳定材料的容许延迟时间
C. 确定混合料的最佳含水率、最大干密度
D. 确定结合料类型及掺配比例
E. 确定结合料剂量的标定曲线

24. 热拌沥青混合料运输时，运料车应用苫布覆盖，其主要作用有（　　）。
A. 保温　　　　　　　　　　　　B. 防雨
C. 防老化　　　　　　　　　　　D. 防污染
E. 防骨料离析

25. 按桩承载性能分类，桥梁桩基础的类型有（　　）。
A. 复合受荷桩　　　　　　　　　B. 摩擦桩
C. 端承桩　　　　　　　　　　　D. 摩擦端承桩
E. 端承摩擦桩

26. 按主梁的受力状态划分，斜拉桥的体系有（　　）。
A. 漂浮体系　　　　　　　　　　B. 支承体系
C. 塔梁固结体系　　　　　　　　D. 刚构体系
E. 无背索体系

27. 导致隧道超欠挖的原因有（　　）。
A. 测量放样误差较大　　　　　　B. 司钻工操作不熟练
C. 钻孔深度不够　　　　　　　　D. 装药量及装药结构不合理
E. 钻孔时高压风压力不足

28. 波形梁立柱定位放样的控制点有（　　）。
A. 桥梁
B. 通道
C. 涵洞
D. 门架式标志
E. 分隔带开口

29. 桥梁实心墩施工中，常见的质量控制关键点有（　　）。
A. 墩身锚固钢筋预埋质量控制
B. 模板接缝错台控制
C. 墩顶支座预埋件位置、数量控制
D. 墩身与承台联结处混凝土裂缝控制
E. 墩顶实心段混凝土裂缝控制

30. 根据《公路建设市场管理办法》，项目施工应当具备的条件包括（　　）。
A. 项目已列入公路建设年度计划
B. 征地手续已办理，拆迁全部完成
C. 施工图设计文件已经完成，并经专家评审通过
D. 建设资金已经落实，并经交通运输主管部门审计
E. 已办理质量监督手续，已落实保证质量和安全的措施

三、实务操作和案例分析题［共5题，（一）、（二）、（三）题各20分，（四）、（五）题各30分］

（一）

背景资料：

某施工单位承建一高速公路路面工程，项目位于丘陵地区，属亚热带季风气候，地方路网发达，交通运输较为便利。设计速度100km/h，双向四车道，主线长15km，起讫桩号为K15+000~K30+000，行车道宽度为3.75m。主要工程内容有：水稳底基层、水稳基层、沥青混凝土面层及路面排水等。路面结构如图1所示。

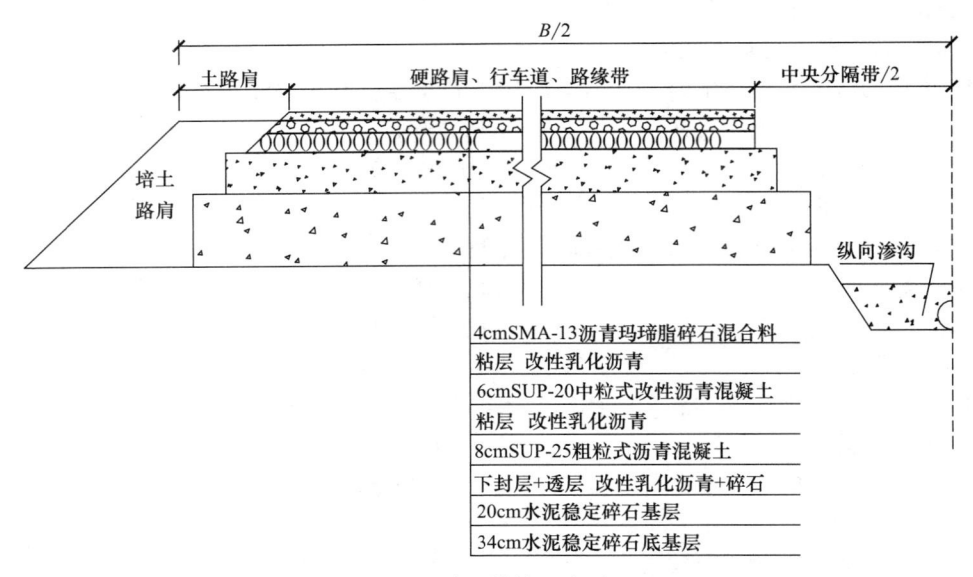

图1 路面结构示意图

施工过程中发生了如下事件：

事件1：路面工程施工前，施工单位编制的专项施工方案中，施工安全保证措施包括技

术措施、监测监控等。专项方案实施前，项目部按照要求进行了方案交底。同时，施工现场管理人员向 X 进行了安全技术交底，并由双方和项目 Y 共同签字确认。

事件2：路面各层施工时，项目部投入以下主要机械设备：水稳拌合站、沥青混合料拌合站、纤维投放机、运输车、装载机、摊铺机、压路机、水泥浆洒布车、振动夯实机、智能沥青洒布车等。K17+100～K17+500 段基层在养生过程中出现收缩裂缝，经弯沉检测，结构层的承载力满足设计要求，为了防止后期发生质量病害，技术人员采取了灌缝处理措施。

事件3：面层施工中，施工单位的部分做法如下：①中面层施工前，施工单位完成了成品改性沥青的招标工作，择优选择了一家实力较强的供应商，施工单位要求供货单位供货时需提供有关改性剂与基质沥青的两份技术资料；②中面层施工采用两台摊铺机梯队作业，当日摊铺作业结束后，采用斜接缝设置横向接缝；③上面层沥青玛琋脂碎石混合料配合比设计中沥青用量较高，在正式开始上面层施工前，施工单位选取了 200m 路段作为试验段，采用轮胎压路机进行碾压施工。

事件4：K20+000～K25+000 段具备先行施工条件，施工单位决定将该段底基层、基层划分为 4 个施工段进行流水施工，持续时间见表1。待基层施工完成后，对下、中、上面层不分段组织顺序作业，各层施工时间均为4d。底基层与基层、基层与下面层之间的技术间歇均为4d。

表1 底基层、基层分段持续时间（单位：d）

施工过程\施工段	①	②	③	④
底基层	4	6	4	6
基层	2	4	2	4

问题：

1. 补充事件1中施工安全保证措施的另外两项主要内容。写出 X、Y 的名称。
2. 补充事件2中路面各层施工时还需要的机械设备。写出基层收缩裂缝处理的其他两种措施。
3. 写出事件3的①中两份技术资料的名称。逐条判断②、③的做法是否正确。若不正确，写出正确做法。
4. 根据事件4中的已知条件，计算 K20+000～K25+000 段路面施工工期（单位：d），复制图2到专用答题卡上，并完善基层与下面层的横道图。

施工过程	时间(单位：d)												
	4	8	12	16	20	24	28	32	36	40	44	48	52
底基层	━━━━━━━━━━━━━━━━━━━━												
基层													
下面层													

图2 底基层、基层、下面层施工横道图

（二）

背景资料：

某施工单位承建一跨堤桥梁工程，该桥为三跨预应力混凝土连续梁桥，跨径布置为 48m+80m+48m，上部结构为预应力混凝土箱梁，箱梁顶宽 14.5m，底宽 7.0m，箱梁高度由 6.0m 渐变到 2.5m。施工单位组建了项目经理部，施工过程中发生了如下事件：

事件 1：项目经理部在详细踏勘现场后，编制了实施性施工组织设计，并要求由上部结构劳务分包单位编制挂篮专项施工方案，项目经理部再按规定进行报批。

事件 2：项目经理部经过分析比选，决定上部结构悬臂浇筑挂篮采用菱形挂篮，挂篮如图 3 所示，强调挂篮与悬浇梁段混凝土的重量比不宜大于 A，且挂篮的总重应控制在设计规定的限重之内，并对挂篮中构件 B、C、D 的质量作了特别要求。

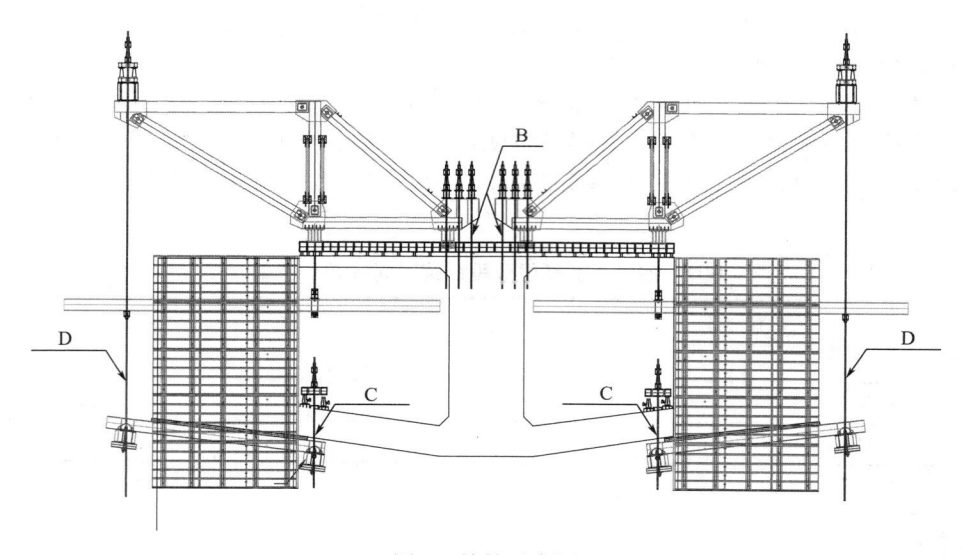

图 3 挂篮示意图

事件 3：项目总工程师在挂篮施工前进行了详细的安全技术交底，强调严格按规范要求实施，混凝土的强度应不低于设计强度等级值的 E，弹性模量应不低于混凝土 28d 弹性模量的 F，当采用混凝土龄期代替弹性模量控制时应不少于 G 天，两端张拉时，各千斤顶之间同步张拉力的允许误差宜为 H。

事件 4：挂篮施工进行到 5 号梁段，浇筑完混凝土后拆除内模板时发现腹板部分位置存在厚度不均缺陷，项目经理部经过认真分析，找出了造成缺陷的可能原因，包括模板设计不合理、箱梁模板产生位移（模板没有固定牢固，使内、外模板相对水平位置发生偏差）等模板本身及施工方面的原因。

问题：

1. 改正事件 1 中的错误做法，并说明挂篮专项施工方案须经过哪些审批流程方可实施。
2. 事件 2 中 A 值为多少？写出构件 B、C、D 的名称。
3. 写出事件 3 中 E、F、G、H 的数值。
4. 补充事件 4 中还可能存在的模板本身及施工方面的原因（要求只写出三个）。

（三）

背景资料：

某高速公路双向四车道分离式隧道，左洞起讫桩号为 ZK4+120～ZK5+435，右洞起讫桩号为 K4+125～K5+445，隧道围岩等级为Ⅲ、Ⅳ级。右洞进洞口处仰坡陡峻，采用的洞门如图 4 所示。K4+430～K4+455（ZK4+440～ZK4+475）、K4+525～K4+545（ZK4+540～ZK4+565）为低瓦斯地段，采用复合式衬砌结构，其初期支护施工的主要内容包括：①初喷混凝土；②打设锚杆；③架立钢架；④挂钢筋网；⑤复喷混凝土。根据瓦斯隧道施工组织要求，施工单位在施工前编制了防治瓦斯的专项施工方案、超前地质预报方案和作业要点手册等文件。

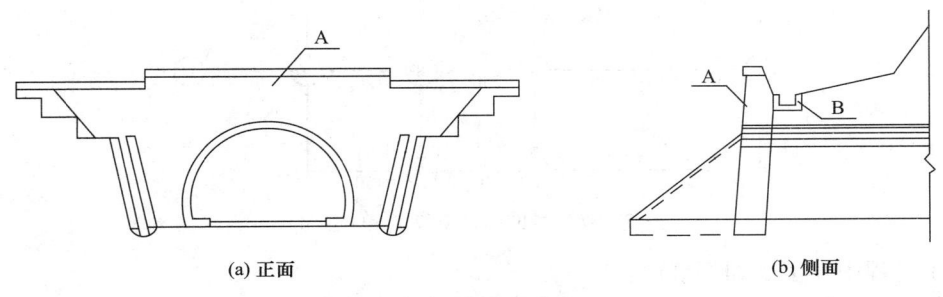

(a) 正面　　　　(b) 侧面

图 4　隧道洞门示意图

施工过程中发生了如下事件：

事件 1：隧道开挖过程中，技术人员采用激光隧道界限测量仪测定了隧道断面的超欠挖，提出欠挖控制要求及处理措施：拱脚、墙脚以上 1m 范围内等位置严禁欠挖；对于其他位置，当岩层完整、岩石抗压强度大于 30MPa，并确认不影响衬砌结构稳定和强度时，每 1m² 内欠挖面积不宜大于 0.1m²，欠挖隆起量不得大于 C 值；当欠挖面积及隆起量较大时，采用补炮措施进行处理。

事件 2：针对低瓦斯隧道施工，施工单位提出的部分技术要求如下：

（1）在开挖工作面装药前、爆破前和爆破后，瓦检员、技术员和电工应同时检查放炮地点附近 20m 以内风流中的甲烷浓度。

（2）每次爆破通风达到规定时间后，当甲烷浓度小于 1%，一氧化碳浓度小于 1.5% 时，方可解除警戒，允许施工人员进入作业面。

（3）采用抗静电、阻燃的通风管，风管安装应平顺，接头严密，每 100m 平均漏风率不应大于 2%。

问题：

1. 图 4 中所示的隧道洞门属于哪一种类型？写出构造物 A、B 的名称。
2. 根据背景资料中初期支护施工的主要内容，写出正确的初期支护施工顺序（用编号表示，如①②……）。根据瓦斯隧道施工组织要求，施工单位在施工前还应编制哪些文件？
3. 事件 1 中，隧道开挖时还有哪个位置严禁欠挖？C 值为多少？采用技术人员提出的措施处理欠挖时，对欠挖部位通常会造成哪些不利影响？
4. 逐条判断事件 2 中的技术要求是否正确。若不正确，写出正确技术要求。

（四）

背景资料：

某高速公路合同段起讫桩号为K6+280~K13+109。公路沿线为山岭重丘区，路基填挖方量较大。其中K8+570~K9+066段为填石路堤，填料以中硬石料为主。根据《公路工程标准施工招标文件》，项目招标文件要求投标文件采用双信封形式密封，第一信封为商务文件和技术文件，第二信封为报价文件，报价文件应包括投标函等内容。某施工单位按照要求提交了投标文件和投标保证金，最终顺利中标。项目开工前，施工单位编制了实施性施工组织设计，并经监理工程师批准。双代号网络计划如图5所示。

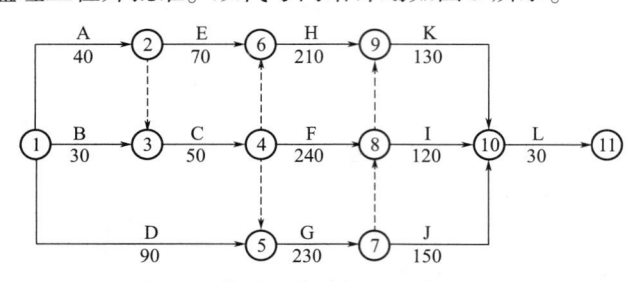

图5 双代号网络计划图（单位：d）

施工过程中发生了如下事件：

事件1：填石路堤施工前，施工单位进行了试验路段施工，通过试验确定了压实工艺主要参数、质量控制标准和施工工艺流程等。其中压实工艺主要参数包括机械组合、压实机械规格、碾压遍数等；填石路堤施工工艺流程为：施工准备→填料检验合格→填料装运→M→边坡码砌→局部找平、细料补充→N→质量检验。

事件2：施工组织设计中，填石路堤施工技术要求部分内容如下：①中硬岩石可以用于路堤填筑，不得用于路床填筑；②压实机械选用自重大于18t的振动压路机；③路床底面以下400mm范围内，填料最大粒径不得大于150mm，其中小于5mm的细料含量应不小于20%；④边坡码砌与路基填筑应基本同步进行。

事件3：填石路堤施工过程中，施工单位按规范要求进行施工过程质量控制和质量检验，检验实测项目有压实、弯沉、中线偏位、宽度、横坡、边坡坡度和平顺度等。根据规范，压实质量采用指标X进行控制，同时每填高3m，还检测了Y和宽度。

事件4：合同履行过程中，出现以下情形：①因业主未能按时提供图纸，导致工作H停工12d，同时导致施工单位一台自有机械窝工12个台班，该机械每台班折旧费400元、检修费与维护费470元、动力燃料费280元；②因设计变更，工作C的工程量由5000m³增加至6000m³；③因业主供应的某主要材料检验不合格，导致工作F开始时间推迟10d，同时导致施工单位一台租赁机械窝工10个台班，该机械每台班租赁费1000元、动力燃料费360元。施工单位分别就以上3个情形向业主提出机械使用费和工期索赔。

问题：

1. 补充背景资料中报价文件还应包括的两项内容。投标保证金有哪些形式？
2. 事件1中，补充试验路段还应确定的压实工艺参数。写出工序M、N的内容。
3. 逐条判断事件2中的技术要求是否正确。若不正确，写出正确技术要求。
4. 事件3中，补充质量检验实测项目，写出指标X、检测项目Y的名称。
5. 事件4中，计算机械使用费索赔金额。每种情形下工期索赔各是多少天？

8

（五）

背景资料：

某施工单位承建了长度为12.2km的高速公路路基工程，其中，K7+370~K7+740通过滑坡体前缘，滑坡体长约370m，宽约650m，厚14.1~28.5m，属于大型滑坡。路线在滑坡体前缘以挖方路基的形式穿过。

施工图设计处理挖方路段右侧的滑坡段采用抗滑桩板墙进行加固，抗滑桩为钢筋混凝土悬臂桩，桩截面尺寸为2.0m×3.0m，桩长22~30m，桩间距5.0m。抗滑桩内侧设桩板挡土墙，抗滑桩采用钢筋混凝土现浇，板采用钢筋混凝土预制安装，长4.8m、高0.5m、厚0.4m。路基横断面如图6所示。

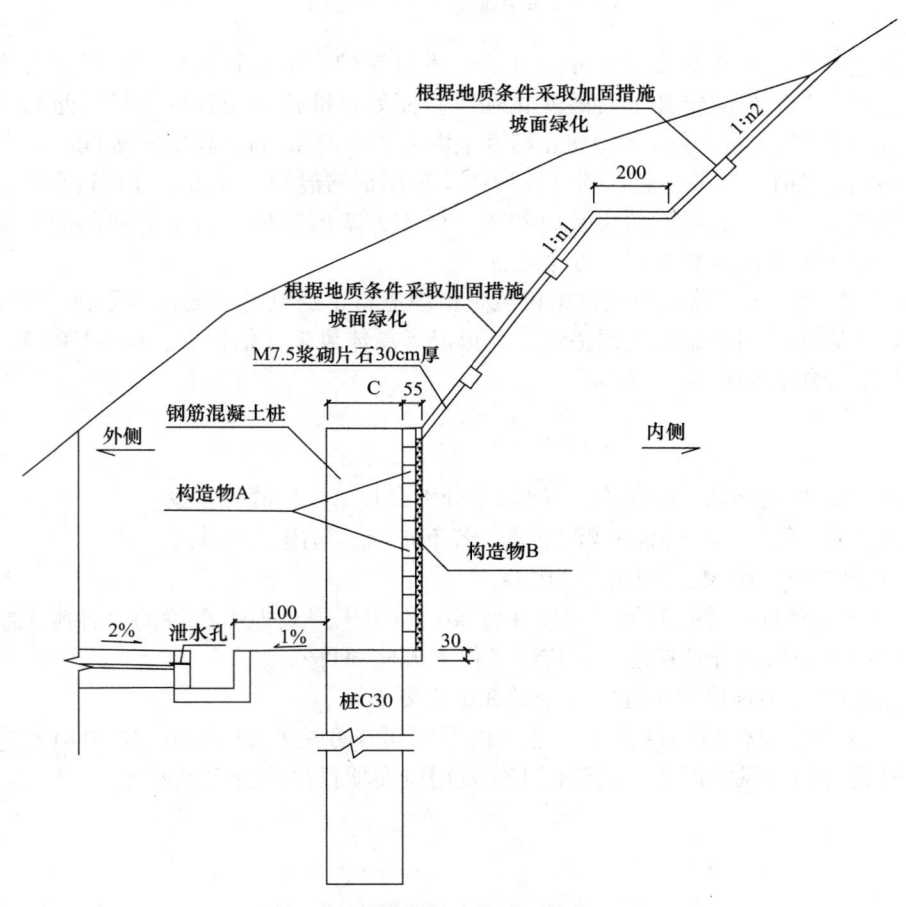

图6 路基横断面示意图（单位：cm）

施工过程中发生了如下事件：

事件1：施工单位在施工现场临时用电管理做法如下：①根据现场用电设备情况等由项目总工组织编制了施工现场临时用电组织设计；②采用三级配电系统与二级保护系统；③停电操作顺序严格按照总配电箱→分配电箱→开关箱的顺序进行；④坚持"一机、一闸、一漏、一箱"的管理措施。

事件2：施工单位编制了抗滑桩施工方案，采用的施工工序如图7所示。

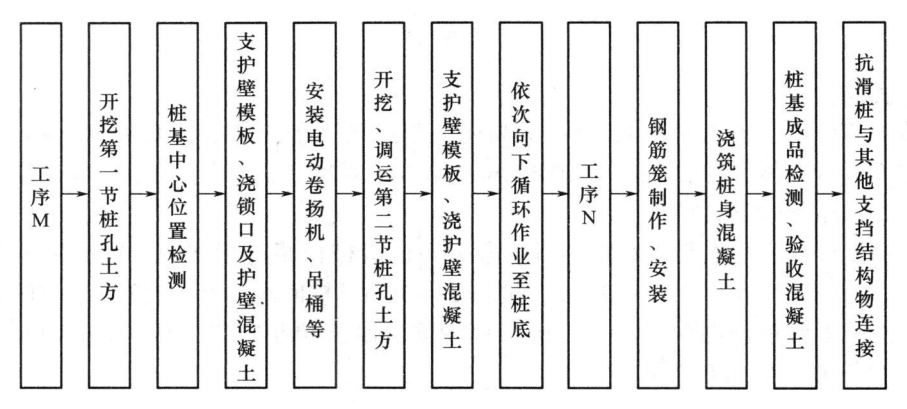

图 7 抗滑桩施工工序流程图

桩孔开挖采用人工开挖，要求分节开挖，逐节支护。围岩较松软、破碎或有水时，分节应适当缩短。分节处应错开土石层变化和滑床面处。桩孔采用锁口及护壁进行支撑，第一节锁口段护壁高 1.5m，其上面 0.8m 高度范围内护壁厚 50cm，高出地面 30cm。锁口以下每开挖 1.0m 浇筑护壁直至孔底；锁口及护壁均采用钢筋混凝土浇筑。开挖过程中，应经常检查桩孔平面位置等，如有偏差应及时纠正。施工方案编制后，技术管理部门组织审核了施工方案，施工单位还组织召开了专家论证会。

事件 3：在全线开工前，由建设单位负责组织进行了路堑高边坡工程等施工安全总体风险评估，评估方法采用专家调查评估法，并形成了总体风险评估报告，K7+370～K7+740 高边坡路段风险等级达到Ⅳ级。

问题：

1. 图 6 中，构造物 A 与构造物 B 的名称分别是什么？C 值为多少？
2. 逐条判断事件 1 中的做法是否正确。若不正确，写出正确做法。
3. 写出图 7 中工序 M、工序 N 的内容。
4. 针对该抗滑桩的桩孔开挖，写出在背景资料中未提及但需配置的 4 种施工机械。桩孔开挖过程中，为保证开挖精度，还应经常检查哪些项目？
5. 补充事件 2 中锁口在桩孔施工中的 3 个主要作用。
6. 事件 3 中，总体风险评估方法还可以采用何种方法？K7+370～K7+740 高边坡路段还应在何时进行何种风险评估？该评估工作费用应在项目何种费用中列支？

2021 年度真题参考答案及解析

一、单项选择题

1. A；	2. B；	3. A；	4. B；	5. A；
6. C；	7. B；	8. A；	9. D；	10. C；
11. B；	12. A；	13. C；	14. B；	15. C；
16. C；	17. C；	18. D；	19. B；	20. D。

【解析】

1. A。本题考核的是预应力筋制作时的下料规定。预应力筋的下料，应采用切断机或砂轮锯切断，严禁采用电弧切割。

2. B。本题考核的是土石路堤填筑的方法。土石路堤不得采取倾填方法，只能采用分层填筑、分层压实。宜用推土机铺填，松铺厚度控制在 40mm 以内，接近路堤设计标高时，需改用土方填筑。

3. A。本题考核的是路基地下水排水设施。路基地下水排水设施有暗沟（管）、渗沟、渗井、仰斜式排水孔等设施。

4. B。本题考核的是热拌沥青混合料摊铺的规定。底、中、面层采用走线法施工，表面层采用平衡法施工。在摊铺过程中随时检查高程及摊铺厚度，并及时通知操作手。在摊铺机无法作业的地方，在监理工程师同意后可采用人工摊铺施工。

5. A。本题考核的是水泥混凝土路面模板拆除的要求。施工模板应采用刚度足够的槽钢、轨模或钢制边侧模板，不应使用木模板、塑料模板等易变形模板。模板拆除应在混凝土抗压强度不小于 8.0MPa 方可进行。

6. C。本题考核的是路肩施工方案。路堑段的路肩是开挖出来的，当开挖到设计标高时，路肩部分宜停止开挖，路面部分继续开挖直至路床顶面。

7. B。本题考核的是桥梁相关尺寸术语。桥梁高度简称桥高，是指桥面与低水位（或地面）之间的高差，或为桥面与桥下线路路面之间的距离。

8. A。本题考核的是通道纵挖法。通道纵挖法：先沿路堑纵向挖掘一通道，然后将通道向两侧拓宽以扩大工作面，并利用该通道作为运土路线及场内排水的出路。该层通道拓宽至路堑边坡后，再挖下层通道，如此向纵深开挖至路基标高，该法适用于较长、较深、两端地面纵坡较小的路堑开挖。

9. D。本题考核的是缆索吊装松索的顺序。松索应按拱脚段扣索、次拱脚段扣索、起重索三者的先后顺序，并按比例定长、对称、均匀地松卸。

10. C。本题考核的是隧道超前地质预报方法。物理勘探法适用于长、特长隧道或地质条件复杂隧道的超前地质预报，主要方法包括有弹性波反射法、地质雷达法、陆地声呐法、红外探测法、瞬变电磁法、高分辨直流电法。

11. B。本题考核的是超前支护的措施。经常采用的超前支护措施有超前锚杆、插板、超前小导管、管棚及围岩预注浆加固等。

11

12. A。本题考核的是车道计算机系统设备施工技术要求。车道内埋设抓拍和计数线圈的位置应为素混凝土板块，并保证没有板块接缝。

13. C。本题考核的是公路工程常用的流水参数。工艺参数包括：施工过程数 n（工序个数），流水强度 V。

14. B。本题考核的是垂直图。垂直图是以公路里程或工程位置为横轴、以时间为纵轴，而各分部（项）工程的施工进度则相应地以不同的斜线表示。

15. C。本题考核的是现浇墩、台身的实测项目。现浇墩、台身实测项目：混凝土强度（△）、断面尺寸、全高竖直度、顶面高程、轴线偏位（△）、节段间错台、平整度、预埋件位置。

16. C。本题考核的是路基挖（填）方工程。地面横向坡度陡于1：10的区域，取土坑应设在路堤上侧，故选项A错误。取土坑与路基坡脚间的护坡道应平整密实，表面应设1%~2%向外倾斜的横坡，故选项B错误。选项D的正确表述应为2.5m。

17. C。本题考核的是支架现浇法施工风险控制措施。支架高度较高时，应设一组缆风绳。支架的立柱应设水平撑和双向斜撑，斜撑的水平夹角以45°为宜；立柱高于5m时，水平撑间距不得大于2m，并在两水平撑之间加剪刀撑。对支架进行预压时，预压荷载宜为支架所承受荷载的1.05~1.10倍。

18. D。本题考核的是施工项目成本管理流程。施工项目成本管理流程：成本预测→成本计划→成本控制→成本核算→成本分析→成本考核。

19. B。本题考核的是重大设计变更的情形。有下列情形之一的属于重大设计变更：
（1）连续长度10km以上的路线方案调整的；
（2）特大桥的数量或结构形式发生变化的；
（3）特长隧道的数量或通风方案发生变化的；
（4）互通式立交的数量发生变化的；
（5）收费方式及站点位置、规模发生变化的；
（6）超过初步设计批准概算的。

20. D。本题考核的是开标。开标应当在招标文件确定的提交投标文件截止时间的同一时间公开进行，故选项A错误。开标时，由投标人或者其推选的代表检查投标文件的密封情况，也可以由招标人委托的公证机构检查并公证，故选项B错误。投标人少于3个的，不得开标，故选项C错误。投标人对开标有异议的，应当在开标现场提出，招标人应当当场作出答复，并制作记录，故选项D正确。

二、多项选择题

21. A、B、D； 22. A、B、D、E； 23. A、B、C、E；
24. A、B、D； 25. B、C、D、E； 26. A、B、C、D；
27. A、B、D； 28. A、B、C、E； 29. A、B、C；
30. A、D、E。

【解析】

21. A、B、D。本题考核的是单孔装药量的计算参数。单孔装药量的计算参数有：孔距、梯段爆破单位耗药量、台阶高度和最小抵抗线。

22. A、B、D、E。本题考核的是路基横向裂缝原因。路基横向裂缝原因：

（1）路基填料直接使用了液限大于 50、塑性指数大于 26 的土；
（2）同一填筑层路基填料混杂，塑性指数相差悬殊；
（3）填筑顺序不当，路基顶填筑层作业段衔接施工工艺不符合规范要求，路基顶下层平整度填筑层厚度相差悬殊，且最小压实厚度小于 8cm；
（4）排水措施不力，造成积水。

23. A、B、C、E。本题考核的是生产配合比设计应包括的内容。生产配合比设计应包括下列技术内容：
（1）确定料仓供料比例。
（2）确定水泥稳定材料的容许延迟时间。
（3）确定结合料剂量的标定曲线。
（4）确定混合料的最佳含水率、最大干密度。

24. A、B、D。本题考核的是热拌沥青混合料的运输。运料车应用篷布覆盖，用以保温、防雨、防污染。

25. B、C、D、E。本题考核的是桥梁桩基础的分类。按桩承载性能分类：摩擦桩、端承桩、摩擦端承桩、端承摩擦桩。

26. A、B、C、D。本题考核的是斜拉桥的体系。斜拉桥按主梁的受力状态分为漂浮体系、支承体系、塔梁固结体系和刚构体系。

27. A、B、D。本题考核的是隧道超欠挖的原因。隧道超欠挖的原因：（1）测量放样错误或误差较大；（2）钻孔操作台架就位不准确；（3）司钻工操作不熟练；（4）装药量及装药结构不合理；（5）爆破网路连接不规范。

28. A、B、C、E。本题考核的是波形梁护栏。在进行波形梁护栏施工之前，应以桥梁、涵洞、通道、立体交叉、分隔带开口及人孔处等为控制点，进行立柱定位放样。

29. A、B、C。本题考核的是桥梁实心墩的质量控制关键点。桥梁实心墩的质量控制关键点：（1）墩身锚固钢筋预埋质量控制；（2）墩身平面位置控制；（3）墩身垂直度控制；（4）模板接缝错台控制；（5）墩顶支座预埋件位置、数量控制。选项 D、E 属于薄壁墩的质量控制关键点。

30. A、D、E。本题考核的是项目施工应当具备的条件。项目施工应当具备以下条件：
（1）项目已列入公路建设年度计划；
（2）施工图设计文件已经完成并经审批同意；
（3）建设资金已经落实，并经交通运输主管部门审计；
（4）征地手续已办理，拆迁基本完成；
（5）施工、监理单位已依法确定；
（6）已办理质量监督手续，已落实保证质量和安全的措施。

三、实务操作和案例分析题

（一）

1. 施工安全保证措施的另外两项主要内容：组织保障、应急预案。X 的名称：施工作业人员（或班组），Y 的名称：专职安全生产管理人员（或专职安全员）。

2. 事件 2 中，路面各层施工时还需要的机械设备：碎石撒布车、洒水车、清除车。
基层收缩裂缝处理的其他两种措施：铺设玻璃纤维格栅、洒铺热改性沥青。

3. 事件3中，①中两份技术资料的名称为：改性剂型号、基质沥青的质量检测报告。

事件3中，②正确。

事件3中，③不正确。正确做法：上面层沥青玛琋脂碎石混合料配合比设计沥青用量较高，在正式开始上面层施工之前，施工单位选取了200m路段作为试验段，采用振动压路机（或钢筒式压路机）进行碾压施工。

4. K20+000～K25+000 段路面施工工期：44d。

完善的基层与下面层的横道图如下：

施工过程	时间(单位:d)												
	4	8	12	16	20	24	28	32	36	40	44	48	52
底基层	━━━━━━━━━━━━━━━━												
基层					━━━━━━								
下面层									━━				

（二）

1. 改正事件1中的错误做法为：上部结构挂篮专项施工方案应由施工单位（或项目经理部）编制。

挂篮专项施工方案须经过以下审批流程方可实施：挂篮专项施工方案应当由施工单位技术负责人审核签字、加盖单位公章并由总监理工程师审查签字、加盖执业印章后方可实施。

2. 事件2中A值为0.5（或1/2）；

构件B的名称为锚杆（或锚固）系统；

构件C的名称为后吊杆（或后吊带）；

构件D的名称为前吊杆（或前吊带）。

3. 事件3中E的数值是80%；

事件3中F的数值是80%；

事件3中G的数值是5；

事件3中H的数值是±2%。

4. 事件4中还可能存在的模板本身及施工方面的原因：

（1）箱梁模板强度不足；

（2）箱梁（内）模板由于刚度不够，在浇筑混凝土过程中发生变形；

（3）混凝土没有对称浇筑，由于单侧压力过大，使内模板偏向一侧。

（三）

1. 图4所示的隧道洞门属于翼墙式洞门。构造物A的名称为：洞门端墙。构造物B的名称为：洞顶截水沟。

2. 根据背景资料中初期支护施工的主要内容，正确的初期支护施工顺序：①④③⑤②（或①③④⑤②）。

根据瓦斯隧道施工组织要求，施工单位在施工前还应编制的文件：通风设计方案、瓦斯监测方案和应急预案。

3. 严禁欠挖的位置还包括净空图折角对应位置。C值为50mm。

采取技术人员提出的措施处理欠挖时，对欠挖部位通常会造成的不利影响：局部超挖、二次扰动围岩、围岩较差时可能引起坍塌。

4. 事件2中的技术要求是否正确的判断及正确技术要求：

（1）错误。正确技术要求：在开挖工作面装药前、爆破前和爆破后，瓦检员、放炮员（或爆破工，或爆破员）和安全员应同时检查放炮地点附近20m以内风流中的甲烷浓度。

（2）错误。正确技术要求：每次爆破通风达到规定时间后，当甲烷浓度小于1%，二氧化碳浓度小于1.5%时，方可解除警戒，允许施工人员进入作业面。

（3）正确。

（四）

1. 背景资料中报价文件还应包括的两项内容：已标价工程量清单、合同用款估算表。

投标保证金的形式：现金、支票、银行保函。

2. 事件1中，补充试验路段还应确定的压实工艺参数：松铺厚度、碾压速度。

工序M的内容为：分层填筑，工序N的内容为：振动碾压。

3. 逐条判断事件2中的技术要求是否正确及正确技术要求：

① 错误。正确技术要求：中硬岩石可以用于路堤填筑，也可以用于路床填筑。

② 正确。

③ 错误。正确技术要求：路床底面以下400mm范围内，填料最大粒径不得大于150mm，其中小于5mm的细料含量应不小于30%。

④ 正确。

4. 事件3中，补充质量检验实测项目：平整度、纵断高程。

指标X的名称为沉降差（或孔隙率）。

检测项目Y的名称为路基中线。

5. 事件4中，机械使用费索赔金额：

自有机械=12×400=4800元。

租赁机械=10×1000=10000元。

机械使用费索赔金额=4800+10000=14800元。

每种情形下工期索赔：

（1）第①种情形：工作H的总时差为20d，工期索赔为0d。

（2）第②种情形：工作C为关键工作，工期索赔（6000-5000）/（5000/50）=10d。

（3）第③种情形：工作F的总时差为10d，工期索赔为0d。

（五）

1. 构造物A的名称：钢筋混凝土挡土板，构造物B的名称：反滤层。C值为300cm。

2. 逐条判断事件1中的做法正确与否及正确做法：

① 错误。正确做法：施工单位根据现场用电设备情况等由电气工程技术人员（或电气工程师）组织编制了施工现场临时用电组织设计。

② 正确。

③ 错误。正确做法：停电操作顺序严格按照开关箱→分配电箱→总配电箱的操作顺序。

④ 正确。

3. 工序 M 的内容：测量定位（或测量放线，或施工准备）。工序 N 的内容：检查验收桩孔。

4. 针对该抗滑桩的桩孔开挖，在背景资料中未提及但需配置的施工机械：水磨钻（或风镐、风钻）、送风机、水泵、空气压缩机。

桩孔开挖过程中，为保证开挖精度，还应经常检查桩孔尺寸、竖轴线倾斜情况（或垂直度）。

5. 事件 2 中锁口在桩孔施工中的 3 个主要作用：

（1）防止桩孔井口变形（或沉降，或稳定孔口）；

（2）防止杂物掉入井内；

（3）防止地表水流入井内。

6. 事件 3 中，总体风险评估方法还可以采用指标体系法。K7+370～K7+740 高边坡路段还应在路堑边坡分项工程开工前进行专项风险评估。该评估工作费用应在项目安全生产费用中列支。

2020年度全国一级建造师执业资格考试

《公路工程管理与实务》

真题及解析

2020年度《公路工程管理与实务》真题

一、单项选择题（共20题，每题1分。每题的备选项中，只有1个最符合题意）

1. 软土地区路堤施工期间，坡脚水平位移速率24h应不大于（　　）mm。
   A. 3
   B. 5
   C. 8
   D. 10

2. 路堑施工时，其路基地面排水设施包括边沟、截水沟、排水沟、急流槽、跌水等，一般应先施工的排水设施是（　　）。
   A. 截水沟
   B. 边沟
   C. 排水沟
   D. 跌水与急流槽

3. 关于蒸发池设置的说法，错误的是（　　）。
   A. 池底宜设0.5%的横坡
   B. 底面与侧面应采取防渗措施
   C. 蒸发池应紧邻路基设置
   D. 四周应采用隔离栅进行围护

4. 二级及二级以上公路级配碎石底基层施工，推荐采用的拌合工艺及摊铺工艺分别是（　　）。
   A. 人工路拌、摊铺机摊铺
   B. 集中厂拌、摊铺机摊铺
   C. 人工路拌、推土机摊铺
   D. 集中厂拌、推土机摊铺

5. 按矿料级配分类，OGFC路面结构属于（　　）。
   A. 开级配沥青混合料
   B. 半开级配沥青混合料
   C. 密级配沥青混合料
   D. 间断级配沥青混合料

6. 热拌沥青混凝土路面施工工艺包括：①路缘石安装；②试验段施工；③喷洒透层油；④沥青混合料压实；⑤沥青混合料摊铺；⑥路面成型检测。其施工顺序是（　　）。
   A. ②→③→①→⑥→⑤→④
   B. ①→③→②→⑤→④→⑥
   C. ②→①→③→⑤→④→⑥
   D. ①→②→③→⑥→⑤→④

7. 为防止混凝土离析，自高处直接向模板内倾卸混凝土时，其自由倾落高度不宜超过（　　）m。
   A. 2
   B. 3
   C. 4
   D. 5

8. 后张法预应力施工中，直径为32mm的预应力筋施工锚固完毕、切割后，其外露长度不应小于（　　）mm。

1

A. 16 B. 30
C. 32 D. 48

9. 关于悬索桥施工猫道的说法，错误的是（　　）。
A. 线形宜与主缆空载时的线形平行
B. 架设过程中须监测塔的偏移量和承重索的垂度
C. 承重索可采用钢丝绳或钢绞线
D. 猫道上不宜设置抗风缆

10. 关于隧道洞门工程施工的说法，错误的是（　　）。
A. 基础应设于稳固的地基上，并将杂物、泥水、虚渣等清除
B. 洞门端墙砌筑与回填应两侧对称进行
C. 洞口边坡、仰坡，严禁采用大爆破
D. 洞门的排水沟应在洞门工程完成后再施工

11. 关于隧道开挖光面爆破要求的说法，错误的是（　　）。
A. 开挖轮廓成型规则，岩面平整
B. 岩面上保存50%以上孔痕，且无明显爆破裂缝
C. 爆破后围岩壁上无危石
D. 爆破岩块适中，利于装渣作业

12. 下列交通安全设施的作用中，不属于防撞筒的是（　　）。
A. 吸收能量 B. 诱导视线
C. 警示 D. 指示

13. 在中性点直接接地的低压配电系统中，宜采用（　　）系统。
A. TT B. IT
C. TN D. PE

14. 关于施工段落划分的说法，错误的是（　　）。
A. 段落大小应根据技术能力、管理水平等综合考虑
B. 施工复杂、难度大而施工技术相同地段尽可能化整为零
C. 各段落之间工程量基本平衡
D. 应保持构造物的完整性

15. 下列方法中，主要适用于时标网络进度计划检查的是（　　）。
A. 前锋线比较法 B. "香蕉"形曲线比较法
C. 横道图比较法 D. "S"形曲线比较法

16. 下列方法中，不能用于测定土的最佳含水量的是（　　）。
A. 重型击实试验法 B. 核子密度湿度仪法
C. 振动台法 D. 表面振动击实仪法

17. 施工安全风险评估工作包括：①制定评估计划；②开展风险分析；③确定风险等级；④选择评估方法；⑤进行风险估测；⑥编制评估报告。最优的评估步骤是（　　）。
A. ①②④③⑤⑥ B. ①③②④⑤⑥
C. ①②④⑤③⑥ D. ①④②⑤③⑥

18. 关于支架现浇法施工风险控制措施的说法，错误的是（　　）。
A. 支架法施工前，应进行专项安全设计，并制定安装、拆除程序和安全技术措施
B. 支架立柱底部应铺设垫板或混凝土垫块扩散压力

C. 满堂支架应设置的纵向剪刀撑,应由底至顶按间距不大于2m间隔设置
D. 支架地基处应有排水措施,严禁被水浸泡

19. 工程项目的"计划成本偏差"等于（　　）。
A. 施工图预算成本-责任目标成本
B. 施工图预算成本-投标计划成本
C. 施工预算成本-责任目标成本
D. 施工预算成本-投标计划成本

20. 根据《公路工程施工分包管理办法》,分包人业绩证明由（　　）出具。
A. 承包人与发包人共同 B. 发包人与监理共同
C. 发包人 D. 承包人

二、多项选择题（共10题,每题2分。每题的备选项中,有2个或2个以上符合题意,至少有1个错项。错选,本题不得分；少选,所选的每个选项得0.5分）

21. 路堤试验路段施工总结的内容包括（　　）。
A. 过程工艺控制方法 B. 安全保障措施
C. 环保措施 D. 质量控制标准
E. 对初步设计文件的修改建议

22. 抗滑桩桩孔施工中,应监测（　　）。
A. 地下水位 B. 地表水流量
C. 桩身变形 D. 土石比例
E. 滑坡体位移和变形

23. 路面垫层结构的作用包括（　　）。
A. 粘结 B. 排水
C. 隔水 D. 防污
E. 防冻

24. 现场冷再生法中的关键技术包括（　　）。
A. 添加的胶粘剂与旧混合料的均匀拌合技术
B. 旧混合料的环保弃置技术
C. 旧混合料的铣刨、破碎技术
D. 胶粘剂配比性能
E. 旧混合料经济运输技术

25. 支架及拱架纵向应对称均衡卸落,横向应同时卸落,卸落顺序正确的有（　　）。
A. 满布式拱架卸落时,可从拱脚向拱顶依次循环卸落
B. 拱式拱架可在两支座处同时均匀卸落
C. 连续梁宜从支座向跨中依次循环卸落
D. 简支梁宜从跨中向支座依次循环卸落
E. 多孔拱桥,若桥墩允许承受单孔施工荷载,可单孔卸落

26. 关于桥梁挖孔桩基础施工的说法,正确的有（　　）。
A. 施工现场应配备气体浓度检测仪器
B. 孔深超过15m时作业人员在孔内连续作业不得超过2h
C. 孔深超过15m时作业人员应利用电动卷扬机上下桩孔
D. 进入桩孔施工前应先通风10min以上

E. 岩溶地区和采空区不宜采用人工挖孔施工

27. 造成隧道衬砌裂缝的主要原因有（　　）。
   A. 围岩压力不均
   B. 衬砌背后局部空洞
   C. 衬砌厚度严重不足
   D. 衬砌表面蜂窝麻面
   E. 衬砌模板凹凸不平

28. ETC入口车道的配置设备主要有（　　）。
   A. 车道控制器
   B. OBU（车载单元）
   C. RSU（路侧单元）
   D. 自动栏杆
   E. 车辆检测器

29. 关于分包合同管理的说法，正确的有（　　）。
   A. 发包人对分包合同的管理主要表现为对分包工程的批准
   B. 监理工程师与承包人和分包人均有监理和被监理关系
   C. 承包人对分包工程的实施具有全面管理责任
   D. 特殊情况下，发包人可以向分包人直接付款
   E. 分包人可以按责任划分，向承包人或监理工程师提出索赔要求

30. 根据《公路工程建设项目概算预算编制办法》，属于施工场地建设费的有（　　）。
   A. 场区平整、场地硬化费用
   B. 场区范围内临时用水支管修建费
   C. 红线范围内进出场临时便道修建费
   D. 工地试验室所发生的属于固定资产的试验设备租赁费
   E. 施工扬尘污染防治措施费

三、实务操作和案例分析题 [共5题，（一）、（二）、（三）题各20分，（四）、（五）题各30分]

（一）

背景资料：

某施工单位承建一分离式双向六车道高速公路山岭隧道工程，其起讫桩号为 K19+720~K21+450，全长1730m。隧道两端洞口100m范围内为偏压浅埋段，其围岩级别为Ⅴ级。隧道洞口开挖断面宽度为13.5m，左右洞口中心线间距为50m。隧道左右洞地质情况相同。隧道最大埋深为80m，隧道纵断面示意图如图1所示。该隧道设计支护结构为复合式衬砌（即初期支护+混凝土二次衬砌）。

开工前，有关单位根据围岩特性对该隧道各段围岩的级别进行了核实，并计算了各级围岩段占全隧道长的百分比。

在隧道施工过程中进行了安全质量检查，发现施工单位存在如下错误做法：
（1）初期支护施工过程中，喷射混凝土采用干喷工艺。
（2）对于隧道底部超挖部分采用洞碴回填。
（3）仰拱和底板混凝土强度达到设计强度75%，允许车辆通行。
（4）二次衬砌距Ⅳ级围岩掌子面的距离为100m。

问题：

1. 该隧道是否属于小净距隧道？说明理由。

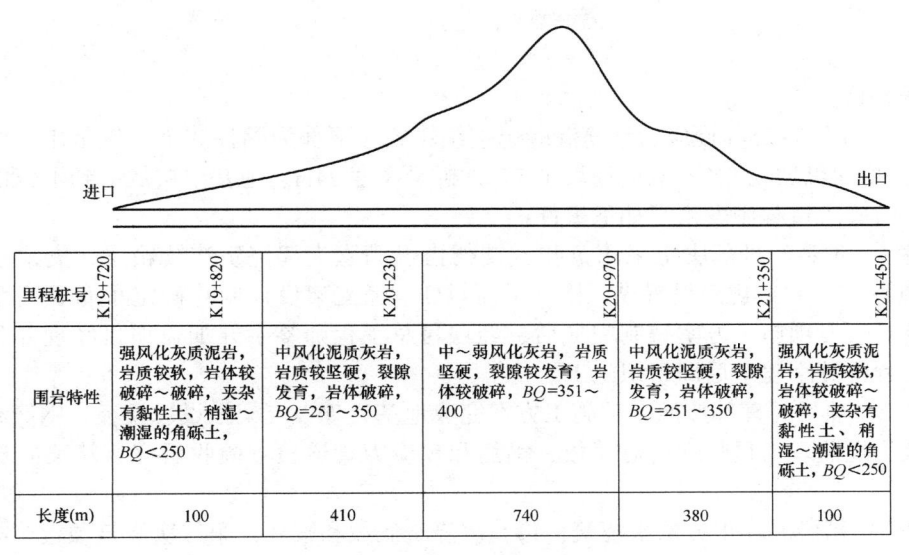

里程桩号	K19+720	K19+820	K20+230	K20+970	K21+350	K21+450
围岩特性	强风化灰质泥岩，岩质较软，岩体较破碎~破碎，夹杂有黏性土、稍湿~潮湿的角砾土，$BQ<250$	中风化泥质灰岩，岩质较坚硬，裂隙发育，岩体破碎，$BQ=251~350$	中~弱风化灰岩，岩质坚硬，裂隙较发育，岩体较破碎，$BQ=351~400$	中风化泥质灰岩，岩质较坚硬，裂隙发育，岩体破碎，$BQ=251~350$	强风化灰质泥岩，岩质较软，岩体较破碎~破碎，夹杂有黏性土、稍湿~潮湿的角砾土，$BQ<250$
长度(m)	100	410	740	380	100

图 1 隧道纵断面示意图

2. 写出图 1 中 BQ 的中文名称。判断 K20+230~K20+970 段、K20+970~K21+350 段围岩级别。计算Ⅳ级围岩总长占全隧长度的百分比（小数点后保留 1 位）。

3. 逐条修改安全质量检查过程中发现的错误做法。

4. 施工单位的错误做法中，哪两条属于重大安全事故隐患（用编号表示）？从单位和项目两个层次分别写出重大安全事故隐患排查治理第一责任人。

(二)

背景资料：

某桥上部为3×25m预应力钢筋混凝土连续箱梁，下部为圆柱式墩，桩基础。桥面宽度为8.5m，桥面纵坡3.5%，双向横坡1.5%，桥梁高度24m。地基土层从上到下依次为杂填土、砂岩。施工过程中发生了如下事件：

事件1：项目经理部决定采用盘扣式支架搭设满堂支架浇筑连续箱梁，支架搭设高度24m，宽度9m，并按规定设置纵、横、平面斜杆，经支架设计验算确定了布置间距并委托第三方验算。专项施工方案编制完成后，经项目总工程师签字并加盖项目经理部公章，报总监理工程师签字盖章后即组织施工。

事件2：项目经理部按照专项施工方案完成地基处理、支架搭设、模板、钢筋和预应力管道安装，经监理工程师现场对模板、钢筋和预应力管道检查验收后浇筑箱梁底板和腹板混凝土。

事件3：箱梁混凝土分两次浇筑，第一次浇筑底板和腹板，第二次浇筑顶板。第一次浇筑混凝土时纵向由高处向低处浇筑，横向对称浇筑，气温最高达32℃，经过30h完成混凝土浇筑。待第一次浇筑混凝土完成，开始洒水养护时发现，先浇筑部分混凝土顶面出现裂缝。

事件4：本桥箱梁为C40混凝土，低松弛钢绞线，夹片式锚具。施工单位在张拉压浆过程中采取了如下做法：
(1) 预应力张拉程序为：$0 \rightarrow \sigma_{con}$（持荷5min锚固）。
(2) 在水泥浆中加入铝粉膨胀剂。
(3) 压浆自高处向低处进行。

问题：

1. 事件1中，支架工程是否属于超过一定规模的危大工程？专项施工方案实施前还应完善哪些手续？
2. 事件1中，支架搭设高宽比是否满足相关规定？如果不满足，说明理由和应采取的处理措施。
3. 事件2中，浇筑混凝土之前遗漏了哪些验收程序和工序？
4. 说明事件3中混凝土产生裂缝的主要原因。
5. 逐条判断事件4中施工单位的做法是否正确。若不正确，写出正确做法。

（三）

背景资料：
某施工单位承建某高速公路 K11+320~K30+180 段改扩建工程，由双向四车道扩建为双向六车道，施工过程中发生了如下事件：

事件 1：K13+826~K14+635 段为填方路段，边坡高度最低为 20.6m，最高为 24.8m。路床填筑时，每层最大压实厚度宜不大于（A）mm，顶面最后一层压实厚度应不小于（B）mm。

事件 2：本工程填方量大，借方困难，部分填料含水量较大，需掺灰处理，经反复试验，掺灰土的 CBR 值在 6%~7%。

事件 3：本工程 K22+300~K23+100 为高填路堤，其新拓宽部分局部路段穿越软土地基，设计采取了粉喷桩对软基进行处理。

事件 4：K25+550~K30+180 段有若干鱼塘，水深低于 2m，塘底淤泥厚度最大不超过 0.8m，软土层厚度大于 4m，小于 8m；施工单位拟采取抛石挤淤或袋装砂井处理软基。

事件 5：扩建路面工程与原设计路面结构层一致，通车后不久，巡查发现某软基填方区间新旧路面结合部有一条长约 80m、宽约 1.5mm 的纵向裂缝。业主召集路基、路面等技术专家对纵向裂缝进行论证及原因分析。专家会议结论是"该 80m 路段路面材料及工艺控制均无缺陷，沥青路面扩建与旧路面结合部质量良好，裂缝产生与路面施工无关。裂缝产生的主要原因是由路基施工引起的……"

问题：
1. 事件 1 中，本段填土路基是否属于高路堤？说明理由。分别写出 A、B 的数值。
2. 事件 2 中，掺灰土能否作为上路床填料？说明理由。
3. 事件 3 中，粉喷桩处理软基的主要目的有哪些？
4. 事件 4 中，两种软基处理方案哪种较合理？说明理由。
5. 写出事件 5 中裂缝产生的两条主要原因。

（四）

背景资料：

南方平原地区某一快速通道公路位于滨海区域，气候多雨，公路起讫桩号为 K0+000～K30+000，线形平顺，双向六车道，无中央分隔带。行车道总宽度为 B，每个车道宽度为 3.75m。该公路为旧路改建，设计标高为公路中线位置。该工程采用柔性路面面层，基层采用半刚性基层，路面结构设计示意图如图 2 所示。为加强路面横向排水，路面横坡采用改进的三次抛物线型路拱，平均路拱横坡 $i=2\%$，路拱大样示意图及其计算公式如图 3 所示。

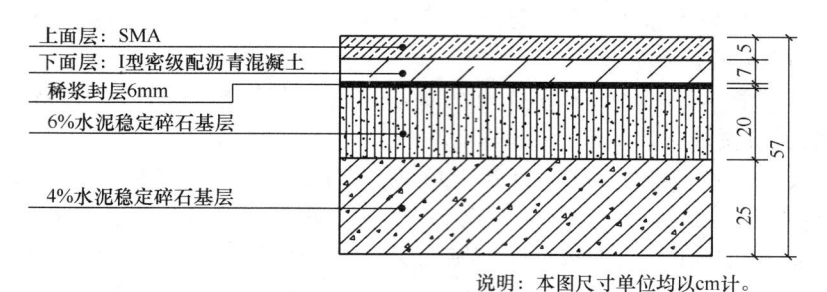

说明：本图尺寸单位均以cm计。

图 2　路面结构设计示意图

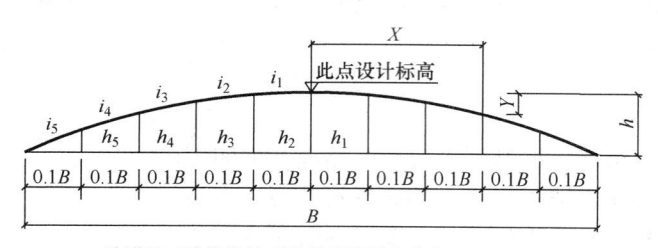

改进的三次抛物线型路拱的计算公式为：

$$Y = \frac{4h}{B^3}X^3 + \frac{h}{B}X$$

式中　B——行车道总宽度(m)；
　　　h——行车道路拱的竖向高度，$h = B \times i/2$(m)；
　　　X——距离行车道中心的横向距离(m)；
　　　Y——对应 X 值的纵坐标(m)。

图 3　抛物线型路拱大样示意图

施工过程中发生了如下事件：

事件1：施工单位按公路工程施工标准化的要求，修建了沥青混合料拌合站，占地面积 4500m²，配置了 1 台拌合机、3 个沥青罐、冷热集料仓各 5 个。按施工标准化要求设置了下列标识标牌：拌合站简介牌、混合料配合比牌、材料标识牌、操作规程牌、消防保卫牌、安全警告警示牌。拌合站简介牌应标识的主要内容有：供应主要构造物情况及质量保证体系。拌合站采用封闭式管理，四周设置围墙及排水沟，入口处设置彩门及值班室。

事件2：施工单位依托母体试验室组建了工地试验室，母体试验室具有交通运输部公路水运工程试验检测机构等级证书中的综合乙级资质证书。为加强工地试验室外委管理，要求外委试验的检测机构应具备相应的资质和条件，工地试验室应将其有关证书复印件存档备案，施工单位还制定了如下管理要求：

（1）工地试验室超出母体检测机构授权范围的试验检测项目和参数，必须进行外委，外委试验应向监理单位报备。

（2）外委试验取样、送样过程应进行见证，工地试验室应对外委试验结果进行确认。

（3）工程建设项目的同一合同段中的施工、监理单位和检测机构应该将外委试验委托给同一家检测机构。

问题：

1. 写出图2中上面层结构的中文名称。图2中下面层沥青混凝土的级配有何特点？该层压实后，其剩余空隙率要求满足什么范围？

2. 计算图3中的h_3（单位：m，小数点后保留4位）。

3. 事件1中，拌合站简介牌还应标识的内容有哪些？复制表1到专用答题卡上，并按表中示例，用直线将"标识标牌名称"与最佳的"设置位置"一一对应连接起来。

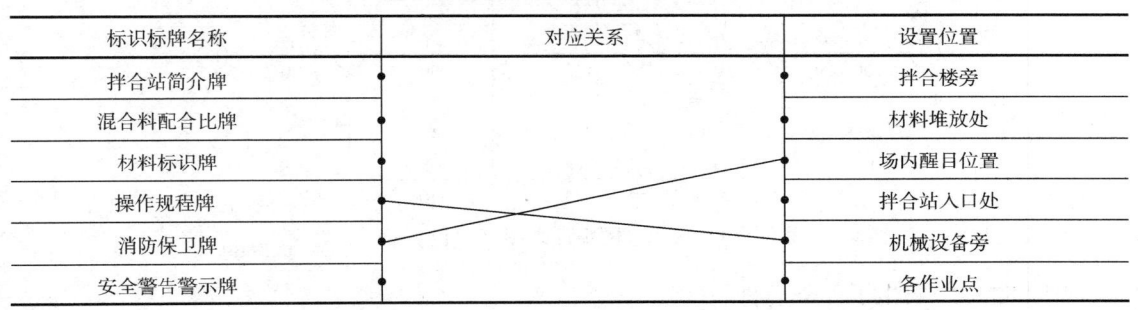

表1 标识标牌名称和设置位置之间的对应关系

标识标牌名称	对应关系	设置位置
拌合站简介牌		拌合楼旁
混合料配合比牌		材料堆放处
材料标识牌		场内醒目位置
操作规程牌		拌合站入口处
消防保卫牌		机械设备旁
安全警告警示牌		各作业点

4. 逐条判断事件2中的管理要求是否正确。若不正确，写出正确要求。

5. 写出事件2中外委试验的检测机构应具备的资质和条件。

（五）

背景资料：

某施工单位承接了某高速公路合同段的施工任务，该合同段起讫桩号为K9+060～K14+270。公路沿线经过大量水田，水系发育，有大量软土地基。其中在K11+350附近软土厚度为4.5～8.0m，设计采用水泥粉体搅拌桩进行处理，水泥掺量为14%，桩径为50cm，桩间距150cm，呈正三角形布置。桩顶地基设砂砾垫层，厚度为30cm。另有一座中心桩号为K13+050的大桥，其桥台后填土较高、荷载较大，需按规范要求进行台背回填。项目开工前，施工单位编制了实施性施工组织设计，确定了主要分部分项工程的施工方法、施工机械配备等，制定了进度计划，并经监理工程师批准。双代号网络计划如图4所示。

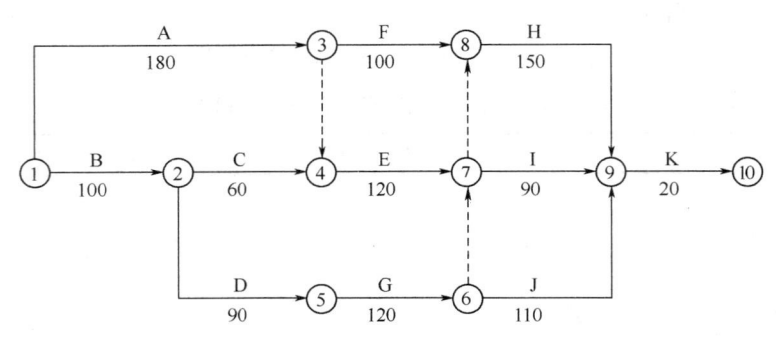

图4 双代号网络计划图（单位：d）

施工过程中发生了如下事件：

事件1：水泥粉体搅拌桩施工前，施工单位进行了成桩试验，确定了满足设计喷入量要求的水泥粉体搅拌桩施工工艺参数，包括钻进速度、搅拌速度等。施工过程中，施工单位严格按规范要求进行质量检验，实测项目主要包括垂直度、承载力、桩长、桩径、桩距等。检验发现有部分桩体出现下沉，下沉量在1.2～2.0m不等，施工单位按规范要求采取措施对桩体下沉进行了处理。

事件2：施工组织设计中，桥台台背回填的技术方案部分内容如下：(1) 台背填料选用砂石料或二灰土；(2) 自台身起，顺路线方向，填土的长度在顶面处不小于桥台的高度；(3) 锥坡填土与台背填土同时进行；(4) 采用小型机械进行压实，压实度不小于94%；(5) 台背回填在结构物强度达到设计强度65%以上时进行。

事件3：合同履行过程中，先后出现了以下几个可能影响工期的情形：(1) 因设计变更，工作B的工程量由50000m增加至60000m；(2) 工作D结束后，业主指令在工作G之前增加一项工程，完成该新增工程需要30d；(3) 因业主供应的某主要材料检验不合格，导致工作I开始时间推迟40d。施工单位按合同约定分别就以上3个情形向业主提出工期索赔。

问题：

1. 计算网络计划的工期，指出关键线路。
2. 事件1中，施工单位在成桩试验中还应确定哪些工艺参数？补充质量检验实测项目。
3. 写出事件1中桩体下沉应采取的处理措施。
4. 逐条判断事件2中施工单位的技术方案是否正确。若不正确，写出正确技术方案。
5. 事件3中的每种情形下可索赔工期分别为多少天？总工期索赔为多少天？

2020 年度真题参考答案及解析

一、单项选择题

1. B；	2. A；	3. C；	4. B；	5. A；
6. B；	7. A；	8. D；	9. D；	10. D；
11. D；	12. D；	13. C；	14. B；	15. A；
16. B；	17. D；	18. C；	19. C；	20. A。

【解析】

1. B。本题考核的是软土地区路堤施工要求。施工期间，路堤中心线地面沉降速率24h应不大于10~15mm，坡脚水平位移速率24h应不大于5mm。

2. A。本题考核的是截水沟。截水沟应先行施工，与其他排水设施衔接时应平顺，纵坡宜不小于0.3%。

3. C。本题考核的是蒸发池的施工。蒸发池的施工应符合下列规定：
（1）蒸发池与路基之间的距离应满足路基稳定要求。
（2）底面与侧面应采取防渗措施。
（3）池底宜设0.5%的横坡，入口处应与排水沟平顺连接。
（4）蒸发池应远离村镇等人口密集区，四周应采用隔离栅进行围护，高度应不低于1.8m，并设置警示牌。

4. B。本题考核的是混合料施工工艺的选择。二级及二级以上公路级配碎石基层和底基层均推荐集中厂拌和摊铺机摊铺。

5. A。本题考核的是沥青路面分类。按矿料级配分类分为密级配沥青混凝土混合料、半开级配沥青混合料、开级配沥青混合料。开级配沥青混合料：矿料级配主要由粗集料组成，细集料和填料较少，采用高黏度沥青结合料粘结形成，压实后空隙率大于15%的开式沥青混合料。代表类型有排水式沥青磨耗层混合料，以 OGFC 表示；另有排水式沥青稳定碎石基层，以 ATPCZB 表示。

6. B。本题考核的是热拌沥青混凝土路面施工工艺。热拌沥青混凝土路面施工工艺流程图如图5所示。

7. A。本题考核的是混凝土的浇筑。自高处向模板内倾卸混凝土时，为防止混凝土离析，应符合下列规定：
（1）从高处直接倾卸时，其自由倾落高度不宜超过2m，以不发生离析为度。
（2）当倾落高度超过2m时，应通过串筒、溜管或振动溜管等设施下落；倾落高度超过10m时，应设置减速装置。

8. D。本题考核的是后张法预应力筋的张拉和锚固应符合的规定。切割后预应力筋的外露长度不应小于30mm，且不应小于1.5倍预应力筋直径。32×1.5＝48mm。

9. D。本题考核的是悬索桥猫道。为了抗风稳定，一般设有抗风缆、抗风吊杆等抗风构件。

10. D。本题考核的是隧道洞门施工。隧道洞门应在隧道开挖的初期完成，并应符合下

11

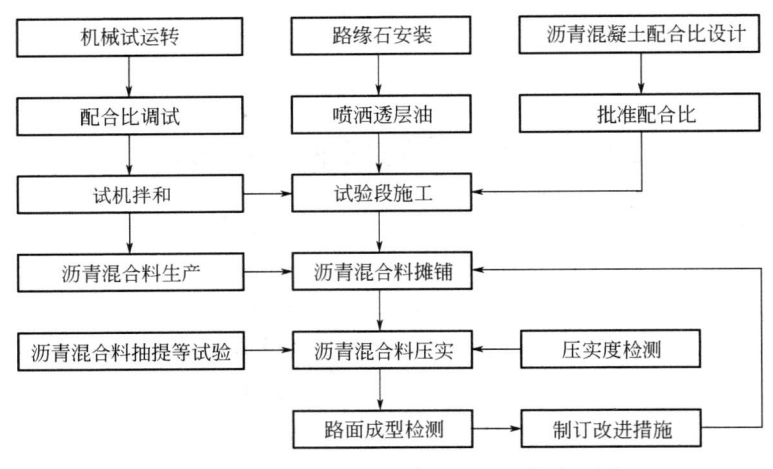

```
机械试运转      路缘石安装      沥青混凝土配合比设计
    ↓              ↓                    ↓
 配合比调试     喷洒透层油          批准配合比
    ↓              ↓                    ↓
  试机拌和  →   试验段施工
    ↓              ↓
沥青混合料生产 → 沥青混合料摊铺 ←─────────┐
    ↓              ↓                      │
沥青混合料抽提等试验 → 沥青混合料压实 ← 压实度检测
                       ↓
                   路面成型检测 → 制订改进措施
```

图 5 热拌沥青混凝土路面施工工艺流程图

列规定：

（1）基础必须置于稳固的地基上，虚渣、杂物、风化软层和水泥必须清除干净。

（2）洞门端墙的砌筑与回填应两侧对称进行，不得对衬砌产生偏压。

（3）端墙施工应保证其位置准确和墙面坡度满足设计要求。

（4）洞门衬砌完成后，其上方仰坡脚受破坏时，应及时处理。

（5）洞门的排水设施应与洞门工程配合施工，同步完成。

（6）洞门的排水沟砌筑在填土上时，填土必须夯实。

11. D。本题考核的是光面爆破的特点。光面爆破是指爆破后断面轮廓整齐，超挖和欠挖符合规定要求的爆破，其主要标准是：

（1）开挖轮廓成型规则，岩面平整。

（2）岩面上保存 50% 以上孔痕，且无明显的爆破裂缝。

（3）爆破后围岩壁上无危石。

12. D。本题考核的是防撞筒的主要作用。防撞筒的主要作用是起到警示和减缓冲击作用，吸收能量，减轻事故车辆及人员的损伤程度，同时也有诱导视线的作用。

13. C。本题考核的是供配电接地系统。在中性点直接接地的低压配电系统中，宜采用 TN 系统；如用电设备较少且分散的，采用 TN 系统确有困难，且土壤电阻率较低时可采用 TT 系统。

14. B。本题考核的是施工段落的划分原则。施工段落的划分应符合以下原则：

（1）为便于各段落的组织管理及相互协调，段落的划分不能过小，应适合采用现代化的施工方法和施工工艺。

（2）各段落之间工程量基本平衡。

（3）避免造成段落之间的施工干扰。

（4）工程性质相同的地段（如石方、软土段）或施工复杂难度较大而施工技术相同的地段尽可能避免化整为零，以免既影响效率，也影响质量。

（5）保持构造物的完整性，除了特大桥之外，尽可能不肢解完整的工程构造物。

15. A。本题考核的是前锋线比较法。前锋线比较法是通过绘制某检查时刻工程项目实际进度前锋线，进行工程实际进度与计划进度比较的方法，它主要适用于时标网络计划。

16. B。本题考核的是测定最佳含水量的试验方法。根据不同的土的性质，测定最佳含水量的试验方法通常有：（1）轻型、重型击实试验；（2）振动台法；（3）表面振动击实仪法。

17. D。本题考核的是风险评估程序。风险评估工作包括：制定评估计划、选择评估方法、开展风险分析、进行风险估测、确定风险等级、提出措施建议、编制评估报告等方面。

18. C。本题考核的是支架现浇法施工风险控制措施。满堂支架的四边和中间每隔四排立杆应设置一道纵向剪刀撑，由底至顶连续设置，故选项C错误。

19. C。本题考核的是计划成本偏差。计划成本偏差＝施工预算成本－责任目标成本。

20. A。本题考核的是施工分包行为管理。分包人业绩证明由承包人与发包人共同出具。

二、多项选择题

21. A、B、C、D；　　22. A、E；　　23. B、C、D、E；
24. A、C、D；　　　25. B、D、E；　26. A、B、E；
27. A、B、C；　　　28. A、C、D、E；29. A、C；
30. A、B、D、E。

【解析】

21. A、B、C、D。本题考核的是路堤试验路段施工总结的内容。路堤试验路段施工总结宜包括下列内容：

（1）填料试验、检测报告等。

（2）压实工艺主要参数：机械组合；压实机械规格、松铺厚度、碾压遍数、碾压速度、最佳含水率及碾压时含水率范围等。

（3）过程工艺控制方法。

（4）质量控制标准。

（5）施工组织方案及工艺的优化。

（6）原始记录、过程记录。

（7）对施工图的修改建议等。

（8）安全保障措施。

（9）环保措施。

22. A、E。本题考核的是抗滑桩施工。施工过程中应对地下水位、滑坡体位移和变形进行监测。

23. B、C、D、E。本题考核的是路面垫层结构的作用。垫层是设置在底基层与土基之间的结构层，起排水、隔水、防冻、防污等作用。

24. A、C、D。本题考核的是现场冷再生法。现场冷再生法中关键技术是添加的胶粘剂（如乳化沥青、泡沫沥青、水泥）与旧混合料的均匀拌合技术，其余如旧沥青混合料的铣刨、破碎技术，胶粘剂配比性能也很关键。

25. B、D、E。本题考核的是支架及拱架卸落顺序。满布式拱架卸落时，可从拱顶向拱脚依次循环卸落，故选项A错误。简支梁、连续梁宜从跨中向支座依次循环卸落，故选项C错误。

26. A、B、E。本题考核的是桥梁挖孔桩施工。作业人员不得利用卷扬机上下桩孔，故选项C错误。挖孔桩施工现场应配备气体浓度检测仪器，进入桩孔前应先通风15min以上，并经检查确认孔内空气符合现行《环境空气质量标准》GB 3095—2012规定的三级标准浓度限值，故选项D错误。

27. A、B、C。本题考核的是隧道发生衬砌裂缝的原因。隧道发生衬砌裂缝的原因主要有围岩压力不均、衬砌背后局部空洞、衬砌厚度严重不足、混凝土收缩、不均匀沉降及施工管理等。

28. A、C、D、E。本题考核的是 ETC 入口车道的配备设备。ETC 车道分为入口车道和出口车道。入口车道和出口车道配置的设备基本一致，主要由车道控制器、RSU（路侧单元）、自动栏杆、报警设备、信息显示屏、雨棚信号灯、车道信号灯、车辆检测器及车道摄像机等组成。

29. A、C。本题考核的是分包合同管理。监理工程师只与承包人有监理与被监理的关系，对分包人在现场施工不承担协调管理义务，故选项 B 错误。发包人也不能直接向分包人付款，也必须通过承包人，故选项 D 错误。无论事件起因于发包人或监理工程师，还是承包人的责任，他都只能向承包人提出索赔要求，故选项 E 错误。

30. A、B、D、E。本题考核的是施工场地建设费。按照工地建设标准化要求进行承包人驻地，工地试验室建设，办公、生活居住房屋和生产用房屋等费用；场区平整、场地硬化、排水、绿化、标志、污水处理设施、围墙隔离设施等费用，以及以上范围内各种临时工作便道、人行便道，工地临时用水、用电的水管支管和电线支线，临时构筑物、其他小型临时设施等的搭设或租赁、维修、拆除及清理的费用。但不包括红线范围内贯通便道、进出场的临时便道、保通便道。工地试验室所发生的属于固定资产的试验设备和仪器等折旧、维修或租赁费用以及施工扬尘污染防治措施费和文明施工、职工健康生活的费用。

三、实务操作和案例分析题

（一）

1. 属于小净距隧道。

理由：因围岩级别为 V 级，根据规范规定，V 级围岩分离式独立双洞的最小净距为 $3.5B = 3.5 \times 13.5 = 47.25m > 50 - 13.5 = 36.5m$，所以属于小净距隧道。

2. BQ 中文名称：围岩基本质量指标。

K20+230~K20+970 段围岩级别为 Ⅲ 级，K20+970~K21+350 段围岩级别为 Ⅳ 级。

Ⅳ 级围岩总长与全隧长度的百分比：$(380+410)/1730 \times 100\% \approx 45.7\%$。

3. 安全质量检查过程中发现的错误做法修改如下：

（1）初期支护施工过程中，喷射混凝土采用湿喷（潮喷）工艺。

（2）对于隧道底部超挖部分应采用与衬砌（仰拱）相同强度等级混凝土浇筑。

（3）仰拱和底板混凝土强度达到设计强度 100%，方允许车辆通行。

（4）二次衬砌距Ⅳ级围岩掌子面的距离不大于 90m。

4. （1）和（4）属于重大安全事故隐患。

重大安全事故隐患排查治理第一责任人：

单位：施工单位法定代表人。

项目：项目经理。

（二）

1. 属于超过一定规模的危大工程。

应完善的手续有：施工单位技术负责人（或总监理工程师）签字（或审批）并加盖单

位公章，报总监理工程师审批后，再组织专家论证（或评审）。

2. 不满足规范规定。

理由：因支架搭设高度24m，宽度9m，支架高宽比为24/9＝2.67，根据规范，支架高宽比宜小于或等于2，所以不满足规范规定。

采取措施：加宽支架，加抗风绳，增加支架稳定性。

3. 浇筑混凝土之前遗漏的程序和工序：

（1）支架地基处理完后的检测验收。

（2）支架拼装完后的验收。

（3）支架预压。

4. 原因1："第一次浇筑混凝土时纵向由高处向低处浇筑"。

原因2：养护不及时（或浇筑时间过长，"气温最高达32℃，经过30h完成混凝土浇筑"错误）。

5. 事件4中施工单位的做法正确与否的判断及正确做法如下：

（1）错误。正确做法：预应力张拉程序为：0→初应力→σ_{con}（持荷5min锚固）。

（2）错误。正确做法：膨胀剂宜采用钙矾石系或复合型膨胀剂。

（3）错误。正确做法：压浆应按先下层后上层的顺序进行（由低处往高处压浆）。

（三）

1. 属于高路堤。理由：因K13+826～K14+635段为填方路段，边坡高度最低为20.6m，最高为24.8m。根据相关规范规定，边坡高度大于20m路堤称为高路堤，所以本段填土路基属于高路堤。

A为300；B为100。

2. 不能作为上路床填料。

理由：灰土的CBR值不符合高速公路上路床CBR值的规定。根据相关规范规定，高速公路上路床的CBR值应不小于8%，所以不能作为上路床的填料。

3. 提高地基承载力、确保路基稳定、减少路基工后沉降。

4. 采用袋装砂井合理。

理由：因软土层厚度4～8m，根据相关规范规定，抛石挤淤适用于处理深度不宜大于3m的软土地基，袋装砂井适用于深度大于3m的软土地基。

5. 事件5中裂缝产生的两条主要原因：

（1）软基处理不彻底，压实度不足。

（2）旧路利用路段，新旧路基结合部未挖台阶或台阶宽度不足。

（四）

1. SMA的中文名称为：沥青玛琦脂碎石混合料。

下面层沥青混凝土的级配特点：颗粒级配连续、相互嵌挤密实。

剩余空隙率3%～6%（行车道路2%～6%）。

2. $B=3.75\times6=22.5m$，$h=22.5\times2\%/2=0.225m$，$X=0.2\times22.5=4.5m$。

$$Y=\frac{4h}{B^3}X^3+\frac{h}{B}X=4\times0.225/22.5^3\times4.5^3+0.225/22.5\times4.5=0.0522m$$

$h_3=h-Y=0.225-0.0522=0.1728m$。

3. 拌合站简介牌还应标识的内容有：拌合的数量、安全保障体系。标识标牌名称与设置位置之间的对应关系见表2。

表2　标识标牌名称与设置位置之间的对应关系

标识标牌名称	对应关系	设置位置
拌合站简介牌		拌合楼旁
混合料配合比牌		材料堆放处
材料标识牌		场内醒目位置
操作规程牌		拌合站入口处
消防保卫牌		机械设备旁
安全警告警示牌		各作业点

4. 事件2中的管理要求正确与否的判断及正确要求：
（1）错误。正确要求：外委试验应向项目建设单位报备。
（2）正确。
（3）错误。正确要求：同一合同段中的施工、监理和检测机构不得将外委试验委托给同一家检测机构。

5. 应取得《公路水运工程试验检测机构等级证书》（含相应参数），通过计量认证（含相应参数）且上年度信用等级为B级及以上。

（五）

1. 工期＝100＋90＋120＋150＋20＝480d。
关键线路：B→D→G→H→K（或①→②→⑤→⑥→⑦→⑧→⑨→⑩）。

2. 施工单位在成桩试验中还应确定的工艺参数：喷粉压力、瞬时喷粉量、累计喷粉量、提升速度。
补充质量检验实测项目：桩体强度、单桩每延米喷粉量。

3. 事件1中桩体下沉应采取的处理措施：
（1）出现沉桩时，孔洞深度在1.5m以内的，可用8%的水泥土回填夯实。
（2）孔洞深度超过1.5m的，可先将孔洞用素土回填，然后在原位补桩，补桩长度应超过孔洞深度0.5m。

4. 事件2中施工单位的技术方案是否正确，判断如下：
① 正确。
② 不正确。改正：台背填土顺路线方向长度，应自台身起，顶面不小于桥台高度加2m。
③ 正确。
④ 不正确。改正：台背与墙背1.0m范围内回填宜采用小型夯实机具压实，压实度不小于96%。
⑤ 不正确。改正：台背回填在结构物强度达到设计强度75%以上时进行。

5. 事件3中每种情形下可索赔工期的判断如下：
（1）工作B为关键工作，可索赔工期：（60000－50000）/（50000/100）＝20d。
（2）增加的工作G均为关键工作，可索赔工期30d。
（3）工作I为非关键工作，推迟40d未超过60d的总时差，因此索赔0d。
总工期索赔天数：30＋20＝50d。

《公路工程管理与实务》
考前冲刺试卷（一）及解析

《公路工程管理与实务》考前冲刺试卷（一）

一、单项选择题（共20题，每题1分。每题的备选项中，只有1个最符合题意）

1. 路基试验路段应选择地质条件、路基断面形式等具有代表性的地段，长度宜不小于（　　）m。
   A. 100　　　　　　　　　　　　B. 150
   C. 200　　　　　　　　　　　　D. 300

2. 沥青路面透层施工中，透层油洒布后应待充分渗透，一般不少于（　　）h后才能摊铺上层。
   A. 12　　　　　　　　　　　　　B. 24
   C. 36　　　　　　　　　　　　　D. 48

3. 某四级公路路面面层采用水泥混凝土，路基填料为黏性土，路基压实度标准应采用（　　）公路的规定值。
   A. 一级　　　　　　　　　　　　B. 二级
   C. 三级　　　　　　　　　　　　D. 四级

4. 当地下水埋藏较深或有固定含水层时，宜采用的地下水排除设施是（　　）。
   A. 渗沟　　　　　　　　　　　　B. 渗井
   C. 检查井　　　　　　　　　　　D. 暗沟

5. 下列挡土墙结构类型中，受地基承载力限制最大的是（　　）。
   A. 重力式挡土墙
   B. 加筋挡土墙
   C. 锚杆挡土墙
   D. 悬臂式挡土墙

6. 下列路面结构层中，属于底基层的是（　　）。
   A. 水泥稳定碎石基层
   B. 二灰碎石基层
   C. 热拌沥青碎石基层

D. 石灰稳定土基层

7. 下列乳化沥青品种中,属于阳离子乳化沥青的是( )。

A. PA-1
B. BA-1
C. PC-1
D. BN-1

8. 培土路肩按最佳含水量的要求,用洒水车洒水,待可以碾压时用( )沿路肩区域进行初压、复压、终压,使压实度达到规定要求。

A. 18t 压路机

B. 光轮压路机

C. 羊足压路机

D. 轮胎压路机

9. 预应力混凝土连续梁桥施工中,计算后张法预应力筋下料长度应考虑的因素是( )。

A. 梁的跨径、锚夹具长度、千斤顶长度、盖梁宽度

B. 梁的长度、锚夹具长度、千斤顶长度、张拉工作长度

C. 盖梁宽度、梁的长度、锚夹具长度、千斤顶长度

D. 结构的孔道长度、张拉工作长度、锚夹具厚度、千斤顶长度

10. 关于桥梁墩、台身圬工砌体的施工要求,正确的是( )。

A. 砌块使用前应保持干燥、干净

B. 分段堆砌时各段水平砌缝应错开

C. 各砌层应先砌外圈定位行列,再砌筑里层

D. 砖墙工作段的分段位置不得设在沉降缝处

11. 关于钢筋混凝土结构构造裂缝防治的说法,错误的是( )。

A. 增加混凝土搅拌时间

B. 选择安定性好的水泥

C. 大体积混凝土中采用粉煤灰水泥

D. 混凝土中适当掺加缓凝剂

12. 关于隧道逃生通道的说法,正确的是( )。

A. 逃生通道距离掌子面不得大于 20m

B. 逃生通道内径不宜小于 1.0m

C. 逃生通道应随开挖进尺的增加不断加长

D. 逃生通道应设置在洞口至二次衬砌之间

13. 下列设施中,不属于交通标志的是( )。

A. 里程标

B. 隔离栅

C. 公路界碑

D. 作业区指示牌

14. 关于公路施工企业信用信息管理的说法,错误的是( )。

A. 公路施工企业信用升级实行逐级上升制

B. 公路施工企业资质升级的，其信用评价等级不变

C. 被一个省级交通运输主管部门直接认定为D级的企业，其全国综合评价直接定为D级

D. 公路施工企业信用评价结果有效期为1年

15. 公路工程施工项目经理部组织结构模式一般有四种，即直线式、职能式、矩阵式和（　　）。

A. 直线职能式

B. 顶层设计式

C. 代建制式

D. 联合组建式

16. 根据《公路工程标准施工招标文件》，①中标通知书；②合同协议书；③技术规范；④项目专用合同条款。这四项合同文件解释的优先顺序是（　　）。

A. ①③②④

B. ④②③①

C. ③②①④

D. ②①④③

17. 根据《公路工程建设项目概算预算编制办法》，属于措施费的是（　　）。

A. 文明施工费

B. 施工场地建设费

C. 施工辅助费

D. 安全生产费

18. 在安全生产事故隐患中，危害和整改难度较小，发现后能够立即整改排除的事故隐患是指（　　）。

A. 一般事故隐患

B. 较大事故隐患

C. 重大事故隐患

D. 特别重大事故隐患

19. 关于项目部驻地建设的说法，正确的是（　　）。

A. 进场前组织相关人员按照工程安全、环保等要求进行现场查勘，编制选址方案

B. 若自建房最低标准为活动板房，建设宜选用阻燃材料，搭建不宜超过三层

C. 生活污水排放应进行规划设计，并设置一级沉淀池

D. 在条件允许情况下，驻地可设置监控和报警装置，可不设防雷设置

20. 二级公路无机结合料稳定碎石基层施工中，其拌合工艺和摊铺工艺推荐采用（　　）。

A. 集中厂拌和摊铺机摊铺

B. 人工路拌和摊铺机摊铺

C. 人工路拌和推土机摊铺

D. 集中厂拌和推土机摊铺

二、**多项选择题**（共 10 题，每题 2 分。每题的备选项中，有 2 个或者 2 个以上符合题意，至少有 1 个错项。错选，本题不得分；少选，所选的每个选项得 0.5 分）

21. 可安排在雨期施工路基的地段有（　　）。
    A. 重黏土地段
    B. 岩石地段
    C. 砂类土地段
    D. 膨胀土地段
    E. 盐渍土地段

22. 关于坡面喷射混凝土防护施工规定的说法，正确的有（　　）。
    A. 喷射混凝土初凝后，应立即开始养护
    B. 混凝土喷射每层应自下而上进行
    C. 永久支护面钢筋的喷射混凝土保护层厚度应不小于 60mm
    D. 当混凝土厚度大于 100mm 时，宜一次喷射
    E. 喷射混凝土面层应在长度方向上每 30m 设伸缩缝

23. 适用于二级公路的基层和底基层的材料有（　　）。
    A. 水泥稳定级配碎石
    B. 水泥稳定未筛分碎石
    C. 水泥稳定细粒土
    D. 水泥稳定煤矸石
    E. 水泥稳定砾石

24. 按结构受力体系划分，桥梁结构基本体系包括（　　）。
    A. 梁式桥
    B. 拱式桥
    C. 连续刚构桥
    D. 悬索桥
    E. 斜拉桥

25. 关于板式橡胶支座的安装的说法，正确的有（　　）。
    A. 梁、板的就位应准确且其底面应与支座顶面密贴
    B. 平坡情况下，一片梁（板）中两端的垫石和同一墩（台）上的垫石相对高差应不超过 ±1.5mm
    C. 平坡情况下，同一垫石上的四角高差应小于 0.3mm
    D. 对矩形滑板支座，应按产品表面顺桥向和横桥向的方向标注进行安装
    E. 梁、板安装时不得采用撬棍移动梁、板的方式进行就位

26. 下列设施中，属于交通标志的有（　　）。
    A. 警告标志
    B. 指示标志

C. 指令标志

D. 提示标志

E. 旅游区标志

27. 公路专业设计资质有（　　）。

A. 甲级　　　　　　　　　　B. 乙级

C. 丙级　　　　　　　　　　D. 丁级

E. 戊级

28. 公路工程施工质量控制策划的内容包括（　　）等。

A. 质量管理和技术措施

B. 质量目标和要求

C. 施工质量管理应形成的记录

D. 突发事件的应急措施

E. 质量管理费用筹措

29. 关于预应力锚固施工风险控制措施的说法，正确的有（　　）。

A. 钻孔后要清孔，锚索入孔后 2h 内注浆

B. 钻孔正式施工前应进行锚固力基本试验

C. 锚索张拉时，千斤顶后区域严禁站人

D. 钻机施工平台脚手架采用钢管和扣件搭设

E. 切割机安放稳固，由专人操作，戴安全帽、防护镜

30. 关于环形开挖留核心土法开挖隧道的说法，正确的有（　　）。

A. 上台阶钢架施工时，应采取有效措施控制其下沉和变形

B. 台阶开挖高度宜为 2.5~3.5m

C. 拱部超前支护完成后，方可开挖上台阶环形导坑

D. 核心土与下台阶开挖应在上台阶支护完成且喷射混凝土强度达到设计强度的 70% 后进行

E. 核心土面积不小于断面面积的 60%

三、实务操作和案例分析题［共5题，（一）、（二）、（三）题各20分，（四）、（五）题各30分］

（一）

背景资料：

某双向四车道一级公路运营 10 年后，水泥混凝土面板破损严重，拟进行改建。设计方案为：对旧水泥混凝土路面采用碎石化法处理，然后加铺沥青混凝土面层，同时在公路右侧土质不稳定的挖方路段增设重力式挡土墙及碎落台（图1）。某施工单位通过投标承接了该工程。

事件1：旧水泥混凝土面板破碎前，施工单位对全线的排水系统进行设置和修复，并将公路两侧的路肩挖除至旧路面基层顶面同一高度，对全线存在的严重病害软弱路段进行

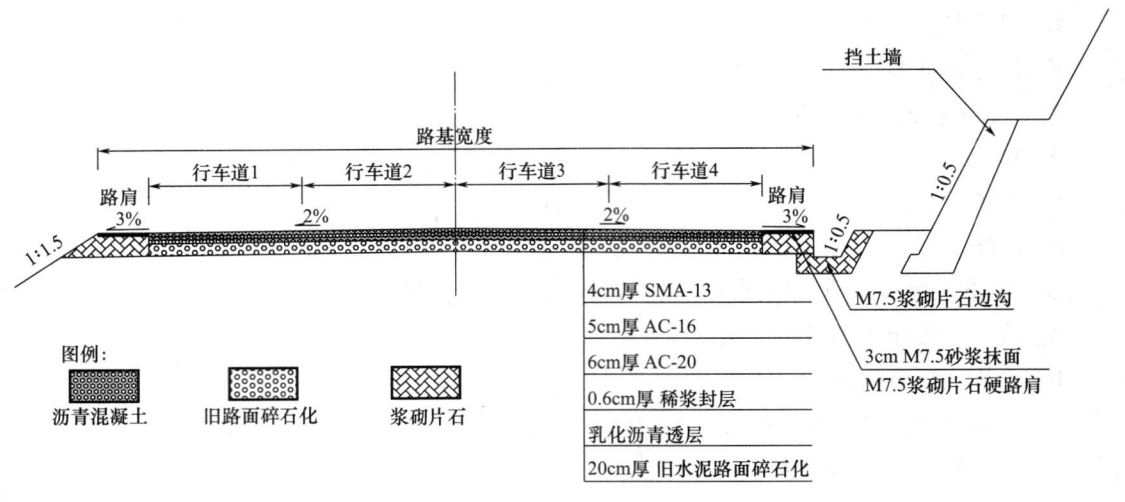

图 1 路基横断面示意图

处治。

事件2：路面碎石化施工的部分要点摘录如下：①路面破碎时，先破碎行车道2和行车道3，再破碎行车道1和行车道4；②两幅破碎一般保证10cm左右的搭接破碎宽度；③为尽量达到破碎均匀效果，破碎过程中应保持破碎机行进速度、落锤高度、频率不变；④对暴露的加强钢筋尽量留在碎石化后的路面中。

事件3：铺筑沥青混凝土时，上、中、下面层的铺筑拟采用线性流水作业方式组织施工，各面层铺筑的速度见表1。

表1 各面层的铺筑速度表

项目	铺筑速度(延米/d)
上面层	600
中面层	700
下面层	650

事件4：建设单位要求将上面层的粗集料由石灰岩碎石变更为花岗岩碎石，并要求施工单位调查、上报花岗岩碎石的预算单价。施工单位对花岗岩碎石调查如下：出厂时碎石原价为91元/m³，每立方米碎石的运杂费为4.5元/km，花岗岩碎石厂到工地的平均运距为22km，场外运输损耗率为4%，采购及保管费率为2.5%。

问题：

1. 事件1中挖除路肩的主要目的是什么？
2. 对事件1中存在严重病害的软弱路段应如何处治？
3. 逐条判断事件2中各施工要点的对错，并改正错误之处。
4. 按墙背形式划分，图1中路堑挡土墙属于哪一种？该种墙背形式的挡土墙有何优缺点？

5. 事件3路面施工组织中，下面层与中面层、中面层与上面层应分别采用何种工作搭接关系？说明理由。

6. 计算花岗岩碎石的预算单价（计算结果保留两位小数）。

（二）

背景资料：

某山岭隧道为单洞双向两车道公路隧道，其起讫桩号为 K68+238～K69+538，隧道长 1300m。该隧道设计图中描述的地质情况为：K68+238～K68+298 段以及 K69+498～K69+538 段为洞口浅埋段，地下水不发育，出露岩体极破碎，呈碎、裂状；K68+298～K68+598 段和 K69+008～K69+498 段，地下水不发育，岩体为较坚硬岩，岩体较破碎，裂隙较发育且有夹泥，其中，K68+398～K68+498 段隧道的最小埋深为 80m；K68+598～K69+008 段，地下水不发育，岩体为较坚硬岩，岩体较为完整，呈块状体或中厚层结构，裂隙面内夹软塑状黄泥。

施工过程中发生如下事件：

事件1：施工单位对该隧道的围岩进行了分级。按安全、经济原则从①全断面法；②环形开挖留核心土法；③双侧壁导坑法中比选出了一种浅埋段隧道施工方法。

事件2：根据设计要求，施工单位计划对 K68+398～K68+498 段隧道实施监控量测，量测项目有：洞内外观察、地表下沉、钢架内力和外力、围岩压力、周边位移、拱顶下沉、锚杆轴力等。

事件3：施工单位在 K68+690～K68+693 段初期支护施工时，首先采用激光断面仪对该段隧道开挖断面的超欠挖情况进行测量，检验合格后，采用干喷技术，利用挂模的方式喷射混凝土，并对喷射混凝土强度等实测项目进行了实测。

事件4：在二次衬砌施工前，施工单位发现 K68+328～K68+368 段多处出现了喷射混凝土掉落的现象，掉落处原岩表面残留有黄泥。施工单位提出了掉落段的处治方法，并进行了复喷施工。

问题：

1. 判断隧道各段围岩的级别。指出事件1中比选出的施工方法。
2. 事件2中哪三项为必测项目？写出拱顶下沉量测的方法和工具。
3. 指出事件3施工中的错误。补充喷射混凝土质量检验实测项目的漏项。
4. 分析事件4中喷射混凝土因原岩面残留黄泥而掉落的原因，并写出施工单位复喷前应采取的措施。
5. 本项目是否需要编制专项施工方案？是否需要专家论证、审查？

(三)

背景资料:

某二级公路工程 K20+855～K20+985 为软土地基路段,设计采用水泥粉煤灰碎石桩(CFG 桩)+30cm 厚水泥土(水泥掺量 5%)进行软基处理,CFG 桩软基处理示意图如图 2 所示。

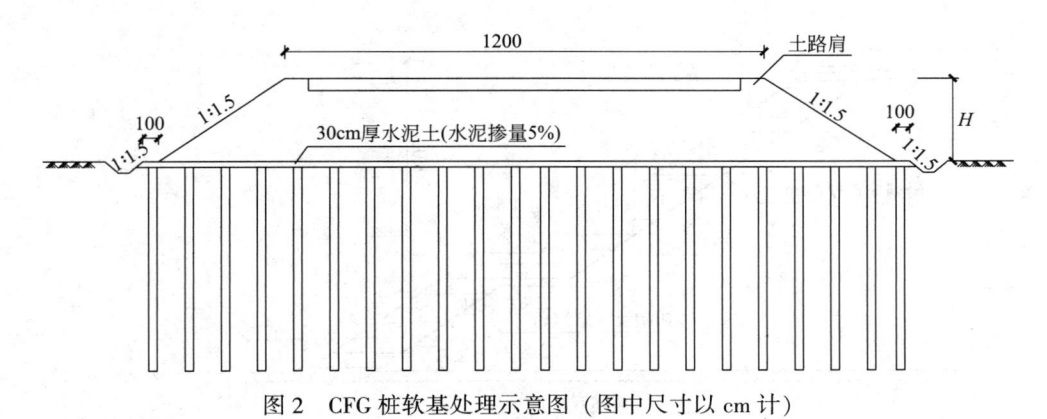

图 2 CFG 桩软基处理示意图(图中尺寸以 cm 计)

施工单位采用振动沉管灌注法施工 CFG 桩,施工工序为:原地表处理→A→沉管机就位→下沉至设计深度→停机→泵送混合料→拔管→B。

施工中发生以下事件:

事件 1:CFG 桩施工前进行了成桩试验,确定了施工工艺、质量标准及相关参数。

事件 2:施工技术人员提出 CFG 桩的部分施工技术要求如下:沉管至设计高程后应尽快投料;首次投料应使管内混合料超灌高度不小于 0.5m;当遇淤泥层时,适当放慢拔管速度,每拔管 2m 后应反插不小于 0.3m 再拔管。

事件 3:经检查,CFG 桩软基处理的桩径、桩长、强度等项目符合要求,施工单位利用挖方路段土方外掺 5%水泥填筑 30cm 厚水泥土层。软基处理结束后进行路基填筑,该路段路基设计填高 H 的平均值为 2.6m。

问题:

1. 答出 CFG 桩施工工序中 A、B 工序的内容。
2. 事件 1 中,成桩试验还应确定哪两项参数?
3. 指出事件 2 中 CFG 桩施工技术要求的两处错误,并改正。
4. 事件 3 中,CFG 桩软基处理的质量检查项目还缺少哪两项?
5. 计算该软基处理段水泥土(水泥掺量 5%)填筑工程量(单位:m³,计算结果保留小数点后 2 位)。分别判断水泥土(水泥掺量 5%)填筑量和土路肩填筑量是否在"204-1a 利用土方路基填筑"清单子目中计量。

（四）

背景资料：

某施工单位承建了一段二级公路的路基工程，路基宽度12m，其中设计有1250m的填石路堤，其横断面设计示意图如图3所示。

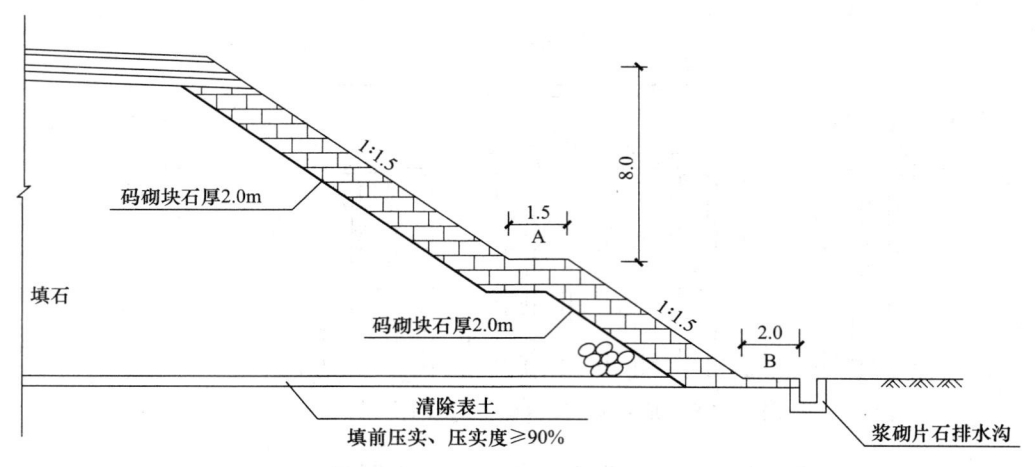

图3 填石路堤横断面设计示意图（图中尺寸单位以m计）

施工中发生以下事件：

事件1：填石路堤施工前，施工单位选择了地质条件、路基断面形式等具有代表性的K32+430～K32+530段铺筑了填石路堤试验路段，填料均取自主线K32+010～K32+300段路堑爆破的石灰岩石渣，对拟作为路堤填料的材料进行取样试验，其单轴饱和抗压强度在40～55MPa之间，属于中硬岩石。

通过路堤试验段施工，施工单位总结出一套适用于该标段填石路堤施工的方案，确定了满足填石路堤压实质量控制标准的机械组合以及压实机械规格、松铺厚度、沉降差、孔隙率等相关参数与指标。填石路堤机械配置见表2。

表2 填石路堤机械配置表

机械名称	规格型号	数量	备注
挖掘机	PC400	2	
自卸汽车	20t	4	每车装石渣11m³
装载机	1.5m³	2	
C	D85	1	
压路机	18t	1	
压路机	22t	1	
洒水车	8000L	1	

续表

机械名称	规格型号	数量	备注
破碎锤		1	
小型夯实机		1	

事件2：施工中，为控制分层填筑松铺厚度和减少摊铺工作量，施工单位根据车辆配置和试验路段获取的松铺厚度50cm计算出填石路堤填前正方形网格尺寸，并用石灰粉划分成方格网，采用两边挂线施工以控制松铺厚度，每格上料一车。

事件3：针对设计图要求码砌的2m厚块石工程量，施工单位提出需按干砌块石护坡单独计量，而监理单位则要求同路基中的填石一起均按填石路堤计量。

事件4：在填石路堤质量检验过程中，施工单位实测的项目有：压实、纵断高程、中线偏位、宽度、平整度、边坡坡度。

问题：

1. 事件1中，施工单位填石路堤试验路段选择是否正确？说明理由。补充事件1中路堤试验段压实工艺主要参数。

2. 写出图3中A、B两处部位的名称。写出表2中机械设备C的名称与作用。

3. 计算事件2中填石路堤填前正方形网格每一格的边长（单位：m，计算结果保留小数点后1位）。

4. 事件3中，施工单位与监理单位的做法哪个正确？说明理由。

5. 补充事件4中填石路堤实测项目中的漏项。写出实测项目中的关键项目。

(五)

背景资料：

某施工单位承建了一段高速公路路基工程，公路设计车速为100km/h。其中，K18+230~K18+750为路堑，岩性为粉质黏土、粉砂质泥岩，采用台阶式边坡，第一级边坡采用7.5号浆砌片石护面墙，护坡设耳墙一道；其他各级边坡采用C20混凝土拱形护坡，拱形骨架内喷播植草。本路段最大挖深桩号位于K18+520，路基填挖高度为-31.2m，桩号K18+520横断面设计示意图如图4所示。

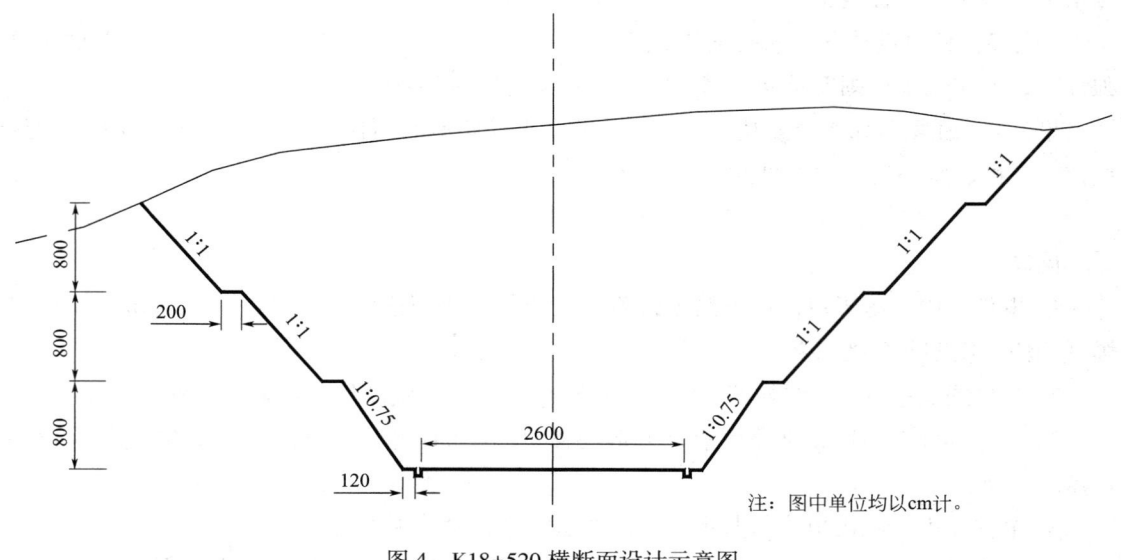

图4 K18+520横断面设计示意图

在项目开工前，施工单位根据《交通运输部关于发布高速公路路堑高边坡工程施工安全风险评估指南（试行）的通知》，对全线的路堑工程进行了总体风险评估，其中，K18+230~K18+750段路堑高边坡总体风险等级为Ⅱ级。

路堑开挖前，施工单位对原地面进行了复测，并进行了路基横断面边桩放样，边桩放样采用坐标法。设计单位提供的设计文件包括"导线点成果表""直线、曲线及转角表""路基设计表""路基标准横断面图""路基典型横断面设计图""路基横断面设计图""防护工程设计图"等。

路堑开挖过程中，为监测深路堑边坡变形和施工安全，施工单位埋设了观测桩。在挖至路基设计标高后，施工单位开始由下往上进行防护工程施工。在第一级边坡施工中，边坡局部凹陷。

问题：

1. K18+230~K18+750段路堑高边坡工程是否需要进行专项风险评估？如果要进行专项风险评估，应在何时完成？

2. 图4中，标注尺寸120cm和2600cm分别是指什么宽度？写出边桩放样所需的3个设计文件。

3. 改正施工单位在防护工程施工中的错误。

4. 浆砌片石护面墙的耳墙设置在什么部位？针对第一级边坡出现的局部凹陷，应如何处置？

5. 复制图 4 至答题卡上并在图上绘出深路堑监测观测桩位置示意图（在相应位置用短竖线"▎"示出）。

考前冲刺试卷（一）参考答案及解析

一、单项选择题

1. C；	2. B；	3. B；	4. B；	5. A；
6. C；	7. C；	8. A；	9. D；	10. C；
11. A；	12. A；	13. B；	14. C；	15. A；
16. D；	17. C；	18. A；	19. A；	20. A。

【解析】

1. C。本题考核的是路基试验路段。试验路段应选择地质条件、路基断面形式等具有代表性的地段，长度宜不小于200m。

2. B。本题考核的是沥青路面透层施工技术。透层油洒布后应待充分渗透，一般不少于24h后才能摊铺上层，但也不能在透层油喷洒后很久不做上层施工，应尽早施工。

3. B。本题考核的是土质路基压实度标准。土质路基压实度以《公路土工试验规程》JTG 3430—2020重型击实试验法为准。三、四级公路铺筑水泥混凝土路面或沥青混凝土路面时，其压实度应采用二级公路的规定值。路堤采用特殊填料或处于特殊气候地区时，压实度标准在保证路基强度要求的前提下根据试验路段和当地工程经验确定。特殊干旱地区的压实度标准可降低2%~3%。

4. B。本题考核的是路基地下水排水设施的施工要点。当地下水埋藏浅或无固定含水层时，可采用排水垫层、隔离层、暗沟、渗沟等。当地下水埋藏较深或存在固定含水层时，可采用仰斜式排水孔、渗井、排水隧洞等。

5. A。本题考核的是常用挡土墙类型的特点。重力式挡土墙依靠圬工墙体的自重抵抗墙后土体的侧向推力（土压力），以维持土体的稳定，是我国目前最常用的一种挡土墙形式，多用浆砌片（块）石砌筑。缺乏石料地区，有时可用混凝土预制块作为砌体，也可直接用混凝土浇筑，一般不配钢筋或只在局部范围配置少量钢筋。这种挡土墙形式简单，施工方便，可就地取材，适应性强，因而应用广泛；缺点是墙身截面大，圬工数量也大，在软弱地基上修建往往受到承载力的限制，墙高不宜过高。

6. C。本题考核的是沥青稳定类基层分类。沥青稳定基层（底基层）又称柔性基层（底基层），包括热拌沥青碎石、贯入式沥青碎石、乳化沥青碎石混合料基层（底基层）等。

7. C。本题考核的是乳化沥青品种。阳离子乳化沥青的品种包括：PC-1、PC-2、PC-3、BC-1，故选项C正确。PA-1和BA-1属于阴离子乳化沥青，BN-1属于非离子乳化沥青。

8. A。本题考核的是路肩施工。培土路肩碾压：按最佳含水量的要求，用洒水车洒水，待可以碾压时用18t压路机沿路肩区域进行初压、复压、终压，使压实度达到规定要求。

9. D。本题考核的是计算后张法预应力筋的下料长度应考虑的因素。预应力筋的下料长度应通过计算确定并考虑结构的孔道长度或台座长度、锚夹具厚度、千斤顶长度、镦头预留量、冷拉伸长值、弹性回缩值、张拉伸长值和张拉工作长度等因素。

10. C。本题考核的是墩、台身圬工砌体的施工要求。选项 A 说法错误，砌块在使用前应浇水湿润。选项 B、D 说法错误，分段位置宜设在沉降缝或伸缩缝处，各段的水平砌缝应一致。

11. A。本题考核的是钢筋混凝土结构构造裂缝的防治。钢筋混凝土结构构造裂缝的防治措施包括：

（1）选用优质的水泥及集料。

（2）合理设计混凝土配合比，改善集料级配、降低水胶比、掺加粉煤灰及缓凝剂等；尽可能采用较小水胶比及较低坍落度的混凝土。

（3）避免混凝土搅拌很长时间后才浇筑。

（4）保证模板质量及安装效果，避免出现模板移动、鼓出等问题。

（5）基础与支架应有较好的强度、刚度、稳定性并采用预压措施；避免出现支架下沉或模板的不均匀沉降，不得脱模过早。

（6）混凝土浇筑时要振捣充分，混凝土浇筑后要及时养护并保证养护效果。

（7）大体积混凝土应优选矿渣水泥等低水化热水泥；采用遮阳凉棚降温或布置冷却水管等措施，以降低混凝土水化热，推迟水化热峰值的出现；同一结构物的不同位置温差应满足设计及规范要求。

12. A。本题考核的是隧道逃生通道。逃生通道距离开挖掌子面不得大于 20m，故选项 A 正确。逃生通道的刚度、强度及抗冲击能力应满足安全要求，逃生通道内径不宜小于 0.8M，故选项 B 错误。逃生通道随开挖进尺不断前移，故选项 C 错误。软弱围岩隧道开挖掌子面至二次衬砌之间应设置逃生通道，故选项 D 错误。

13. B。本题考核的是交通安全设施的构成。交通标志是用图形符号、颜色、形状和文字向交通参与者传递特定信息，用于管理交通的设施，主要起到提示、诱导、指示等作用，使道路使用者安全、快捷地到达目的地，促进交通畅通。隔离栅的主要作用是将公路用地隔离出来，防止非法侵占公路用地的设施，应能有效阻止行人、动物误入需要控制出入的公路。

14. C。本题考核的是公路施工企业信用信息管理。公路施工企业信用升级实行逐级上升制，每年只能上升一个等级，不得越级，故选项 A 正确。公路施工企业资质升级的，其信用评价等级不变，故选项 B 正确。被一个省级交通运输主管部门直接认定为 D 级的企业，其全国综合评价直接定为 C 级，故选项 C 错误。公路施工企业信用评价结果有效期为 1 年，故选项 D 正确。

15. A。本题考核的是公路工程施工项目经理部的组织结构模式。公路工程施工项目经理部的组织结构模式一般有四种，即直线式、职能式、直线职能式、矩阵式。

16. D。本题考核的是解释合同文件的优先顺序。除项目专用合同条款另有约定外，解释合同文件的优先顺序如下：

(1) 合同协议书及各种合同附件（含评标期间和合同谈判过程中的澄清文件和补充资料）。

(2) 中标通知书。

(3) 投标函及投标函附录。

(4) 项目专用合同条款。

(5) 公路工程专用合同条款。

(6) 通用合同条款。

(7) 工程量清单计量规则。

(8) 技术规范。

(9) 图纸。

(10) 已标价工程量清单。

(11) 承包人有关人员、设备投入的承诺及投标文件中的施工组织设计。

(12) 其他合同文件。

17. C。本题考核的是措施费。措施费是指直接费以外施工过程中发生的直接用于工程的费用。其内容包括冬期施工增加费、雨期施工增加费、夜间施工增加费、特殊地区施工增加费、行车干扰工程施工增加费、施工辅助费、工地转移费等内容。

18. A。本题考核的是公路工程施工项目事故隐患排查治理。安全生产事故隐患按照隐患的整改、治理和排除的难度及其影响范围为标准分为一般事故隐患和重大事故隐患。

19. A。本题考核的是项目部驻地建设。进场前组织相关人员按照施工、安全和环保的要求进行现场查勘，编制选址方案，故选项 A 正确。自建房屋最低标准为活动板房，建设宜选用阻燃材料，搭建不宜超过两层，故选项 B 错误。生活污水排放应进行规划设计，设置多级沉淀池，通过沉淀过滤达到排放标准，故选项 C 错误。驻地内应设有必要的防雷设施，在条件允许情况下，驻地应设置报警装置和监控设施，故选项 D 错误。

20. A。本题考核的是施工工艺选择。施工工艺选择见表 3。

表 3　施工工艺选择表

材料类型	公路等级	结构层位	拌合工艺 推荐	拌合工艺 可选择	摊铺工艺 推荐	摊铺工艺 可选择
无机结合料稳定中、粗粒材料	二级及二级以上	基层	集中厂拌	—	摊铺机摊铺	—
无机结合料稳定细粒材料		底基层	集中厂拌	—	摊铺机摊铺	推土机摊铺平地机整平
水泥稳定材料	二级以下	基层和底基层	集中厂拌	—	摊铺机摊铺	—
其他各种无机结合料稳定材料		基层和底基层	集中厂拌	人工路拌	摊铺机摊铺	推土机摊铺平地机整平

续表

材料类型	公路等级	结构层位	拌合工艺 推荐	拌合工艺 可选择	摊铺工艺 推荐	摊铺工艺 可选择
级配碎石	二级及二级以上	基层和底基层	集中厂拌	—	摊铺机摊铺	—
级配碎石	二级以下	基层和底基层	集中厂拌	人工路拌	摊铺机摊铺	推土机摊铺 平地机整平

二、多项选择题

21. B、C；　　　　22. A、B、E；　　　　23. A、B、D、E；
24. A、B、D；　　　25. A、B、D、E；　　　26. A、B、E；
27. A、B、C；　　　28. A、B、C、D；　　　29. B、C、D、E；
30. A、B、C、D。

【解析】

21. B、C。本题考核的是雨期施工地段的选择。雨期施工地段的选择：（1）雨期路基施工地段一般应选择砂类土、碎砾石和岩石地段以及路堑的弃方地段。（2）低洼地段和高填深挖地段的土质路基，重黏土、膨胀土及盐渍土地段不宜在雨期施工；平原地区排水困难及沿河路段，不宜安排雨期施工。

22. A、B、E。本题考核的是常用防护工程施工技术要点。坡面喷射混凝土防护施工规定：

（1）混凝土强度应满足设计要求。

（2）作业前应进行试喷，选择合适的水胶比和喷射压力。

（3）混凝土喷射厚度应符合设计规定，且临时支护厚度宜不小于60mm，永久支护厚度宜不小于80mm。永久支护面钢筋的喷射混凝土保护层厚度应不小于50mm。

（4）混凝土喷射每层应自下而上进行。当混凝土厚度大于100mm时，宜分两次喷射。在第二次喷射混凝土作业前，应清除结合面上的浮浆和松散的碎屑。

（5）面层表面应抹平，压实修整。

（6）喷射混凝土面层应在长度方向上每30m设伸缩缝，缝宽10~20mm。

（7）喷射混凝土初凝后，应立即开始养护。养护期宜不少于7d。

（8）喷射混凝土表面质量应密实、平整，无裂缝、脱落、漏喷、漏筋、空鼓和渗漏水。

23. A、B、D、E。本题考核的是无机结合料稳定类（也称半刚性类型）基层分类及适用范围。水泥稳定土包括水泥稳定级配碎石、未筛分碎石、砂砾、碎石土、砂砾土、煤矸石、各种粒状矿渣等，适用于各级公路的基层和底基层。

24. A、B、D。本题考核的是桥梁的分类。按结构受力体系分类，桥梁有梁式桥、拱式桥、悬索桥三大基本体系。

25. A、B、D、E。本题考核的是桥梁支座施工。板式橡胶支座的安装应符合下列

17

规定：

（1）支座安装时，应对其顶面和底面进行检查核对，避免反置。对矩形滑板支座，应按产品表面顺桥向和横桥向的方向标注进行安装。

（2）支座垫石顶面高程应准确无误。平坡情况下，一片梁（板）中两端的垫石和同一墩（台）上的垫石，其顶面高程应一致，相对高差应不超过±1.5mm，同一垫石上的四角高差应小于0.5mm；当顺桥向有纵坡导致两相邻墩（台）的垫石顶面高程不同时，高程的控制应符合设计规定，且同一片梁（板）在考虑坡度后其相邻墩垫石顶面高程的相对误差应不超过3mm。

（3）梁、板吊装应采取有效措施防止对支座产生偏压或过大的初始剪切变形。梁、板的就位应准确且其底面应与支座顶面密贴，否则应将梁、板吊起，对支座进行重新调整安装；梁、板安装时不得采用撬棍移动梁、板的方式进行就位。

26. A、B、E。本题考核的是交通标志。主要包括警告标志、禁令标志、指示标志、指路标志、旅游区标志、作业区标志等主标志以及附设在主标志下的辅助标志。

27. A、B、C。本题考核的是公路工程设计企业资质。公路工程设计企业资质等级的划分：

第一类：工程设计综合资质只有一个级别，工程设计综合甲级资质。

第二类：公路行业设计资质只有一个级别，甲级资质。

第三类：公路专业设计资质有三个级别，甲级、乙级、丙级资质。

第四类：特大桥专业设计资质只有一个级别，甲级资质。

第五类：特长隧道专业设计资质只有一个级别，甲级资质。

第六类：交通工程专业设计资质有两个级别，甲级、乙级。

28. A、B、C、D。本题考核的是公路工程施工质量控制策划。公路工程施工质量控制策划的内容包括：（1）施工质量管理依据的文件；（2）质量管理组织和职责；（3）质量目标和要求；（4）人员、技术、施工机具等资源的需求和配置；（5）质量控制关键点分析；（6）质量管理和技术措施；（7）施工质量检查、验收及相关标准；（8）施工质量管理应形成的记录；（9）突发事件的应急措施；（10）对违规事件的报告和处理。

29. B、C、D、E。本题考核的是路基工程施工安全管理措施。钻孔后要清孔，锚索入孔后1h内注浆。

30. A、B、C、D。本题考核的是隧道开挖的要求。环形开挖留核心土法施工应符合的要求：

（1）台阶开挖高度宜为2.5~3.5m。

（2）环形开挖每循环进尺，Ⅴ级围岩宜不大于1榀钢架间距，Ⅳ级围岩宜不大于2榀钢架间距。中下台阶每循环进尺不得大于2榀钢架间距。核心土面积不小于断面面积的50%。

（3）上台阶钢架施工时，应采取有效措施控制其下沉和变形。

（4）拱部超前支护完成后，方可开挖上台阶环形导坑；留核心土长度宜为3~5m，宽度宜为隧道开挖宽度的1/3~1/2。

（5）各台阶留核心土开挖每循环进尺宜与其他分部循环进尺相一致。

（6）核心土与下台阶开挖应在上台阶支护完成且喷射混凝土强度达到设计强度的70%后进行。下台阶左、右侧开挖应错开3~5m，同一榀钢架两侧不得同时悬空。

（7）仰拱施作应紧跟下台阶，及时闭合成稳固的支护体系。

三、实务操作和案例分析题

（一）

1. 事件1中挖除路肩的主要目的是：使水能从路面区域及时排出。

2. 进行修复处理，首先清除混凝土路面并挖至稳定层，然后换填监理工程师认可的材料。

3. 事件2中各施工要点的对错及改正：

施工要点①错误，改为：路面破碎时，应先两边再中间（或先破碎行车道1和行车道4，再破碎行车道2和行车道3）。

施工要点②正确。

施工要点③错误，改为：机械破碎过程中应灵活调整行进速度、落锤高度、频率，尽量达到破碎均匀。

施工要点④错误，改为：应切割移除暴露的加强钢筋。

4. 按墙背形式划分，图中路堑挡土墙属于仰斜式挡土墙。

仰斜式挡土墙的优缺点是：仰斜墙背所受的土压力较小，用于路堑墙时，挡土墙墙背与开挖边坡较贴合，因而开挖和回填量均比较小，但挡土墙墙后填土不易压实，不便施工。

5. 事件3路面施工组织中，下面层与中面层采用完成到完成（FTF）类型。

理由：下面层铺筑速度慢于中面层铺筑速度。

中面层与上面层采用开始到开始（STS）类型。

理由：中面层铺筑速度快于上面层铺筑速度。

6. 花岗岩碎石预算单价 =（91+4.5×22）×（1+4%）×（1+2.5%）= 202.54 元/m³。

（二）

1. （1）①K68+238~K68+298段围岩以及K69+498~K69+538段围岩应为Ⅴ级围岩；②K68+298~K68+598段围岩和K69+008~K69+498段围岩应为Ⅳ级围岩；③K68+598~K69+008段围岩应为Ⅲ级围岩。

（2）比选出的施工方法为环形开挖留核心土法。

2. （1）事件2中必测项目为：洞内外观察、拱顶下沉、周边位移、地表下沉。

（2）拱顶下沉量测方法为水准测量法，拱顶下沉量测工具为水准仪和钢尺（或收敛计）。

3. （1）事件3中的错误是采用干喷技术，利用挂模的方式施工喷射混凝土。

（2）喷射混凝土质量检验实测项目还包括：喷层厚度、喷层与围岩接触状况（△）。

4. （1）事件4中喷射混凝土因原岩面残留黄泥而掉落的原因是：混凝土与围岩的粘结

力不足。

(2) 施工单位复喷前应采取的措施为：清洗原岩面。

5.（1）本项目是需要编制专项施工方案的。

（2）需要专家论证、审查。

（三）

1. CFG桩施工工序中A工序的内容：测量放样；B工序的内容：沉管机移位。

2. 事件1中，成桩试验还应确定的两项参数：施工速度、投料数量。

3. 事件2中CFG桩施工技术要求的两处错误及改正：

（1）错误1：首次投料应使管内混合料超灌高度不小于0.5m。

改正：首次投料应使管内混合料面与投料口平齐。

（2）错误2：每拔管2m后应反插不小于0.3m再拔管。

改正：拔管过程中不得反插。

4. 事件3中，CFG桩软基处理的质量检查项目还缺少的两项质量检查项目：桩距、复合地基承载力。

5. 该软基处理段水泥土（水泥掺量5%）填筑平均宽度：12+2.6×1.5×2+1×2+0.3×1.5=22.25m。

该软基处理段水泥土（水泥掺量5%）填筑工程量：22.25×0.3×(985-855)=867.75m³。

水泥土（水泥掺量5%）填筑量不在"204-1a 利用土方路基填筑"清单子目中计量。

土路肩填筑量不在"204-1a 利用土方路基填筑"清单子目中计量。

（四）

1.（1）施工单位填石路堤试验路段选择不正确。

理由：试验路段应选择地质条件、路基断面形式等具有代表性的地段，长度宜不小于200m。本题中，K32+430~K32+530段的长度等于100m，故不正确。

（2）路基试验段压实工艺主要参数还有：碾压遍数、碾压速度。

2. A——边坡平台；B——护坡道；C——推土机。

推土机作用：摊铺平整。

3. 11÷0.5=22m²，$\sqrt{22}$=4.7m。

正方形网格每一格的边长约为4.7m。

4. 监理单位做法正确。

理由：填石路堤计量是依据设计图纸所示的地面线、路基横断面设计面积，按平均断面面积法计算压实的体积进行计量，其工作内容包括边坡码砌。

5. 实测项目中的漏项：弯沉、横坡和边坡平顺度。

关键项目：压实、弯沉。

（五）

1. K18+230~K18+750 段路堑高边坡工程不需要进行专项风险评估。如果要进行专项风险评估，应在路堑边坡分项工程开工前完成。

2. 图中标注尺寸 120cm 代表的是碎落台宽度，图中标注尺寸为 2600cm 代表的是路基宽度。

边桩放样所需的 3 个设计文件为"导线点成果表""直线、曲线及转角表""路基横断面设计图"（或回答"路基设计表"亦可）。

3. 路堑开挖防护工程，应在开挖一级后，及时防护一级。上一级防护未完工，不得开挖下一级。

4. 浆砌片石护面墙的耳墙应设置在护面墙中部。针对第一级边坡出现的局部凹陷，应挖成台阶后用与墙身相同的圬工填补（或 7.5 号浆砌片石填补）。

5. 深路堑监测观测桩位置示意图如图 5 所示。

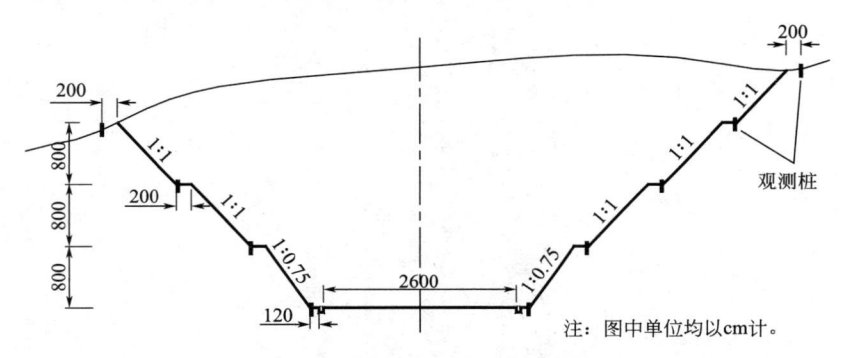

图 5 深路堑监测观测桩位置示意图

《公路工程管理与实务》
考前冲刺试卷（二）及解析

《公路工程管理与实务》考前冲刺试卷（二）

一、单项选择题（共20题，每题1分。每题的备选项中，只有1个最符合题意）

1. 可直接用作路床填料的是（　　）。
   A. 粉质土　　　　　　　　　B. 强风化石料
   C. 砾石土　　　　　　　　　D. 强膨胀土

2. 水深1.5m以内、流速0.5m/s以内，河床土质渗水性较小且满足泄洪要求时，可筑（　　）。
   A. 土围堰　　　　　　　　　B. 石围堰
   C. 土袋围堰　　　　　　　　D. 膜袋围堰

3. 路基改建加宽施工时，在路槽纵向开挖的台阶上铺设跨施工缝的土工格栅，其主要作用是（　　）。
   A. 减少新老路基结合处的不均匀沉降　　B. 减少路面厚度
   C. 提高原地基承载力　　　　　　　　　D. 减少裂缝反射

4. 一般情况下，同一路段应先施工的路基地面排水设施是（　　）。
   A. 边沟　　　　　　　　　　B. 急流槽
   C. 截水沟　　　　　　　　　D. 拦水带

5. 某路基碾压施工时，产生"弹簧"现象，宜采取的处理措施是（　　）。
   A. 增大压实机具功率　　　　B. 掺生石灰粉翻拌后压实
   C. 适量洒水　　　　　　　　D. 降低压路机碾压速度

6. 关于水泥混凝土路面的水泥选用原则，正确的是（　　）。
   A. 重交通荷载等级的公路面层应采用旋窑生产的道路硅酸盐水泥、硅酸盐水泥、普通硅酸盐水泥
   B. 高温期施工应采用早强型水泥
   C. 低温期施工应采用普通型水泥
   D. 采用机械化铺筑时，应选用袋装水泥

7. 下列说法中，属于沥青路面粘层主要作用的是（　　）。

1

A. 为使沥青面层与基层结合良好，在基层上浇洒乳化沥青等而形成透入基层表面的薄层

B. 封闭某一层起保水防水作用

C. 使上下沥青结构层或沥青结构层与结构物（或水泥混凝土路面）完全粘结成一个整体

D. 基层与沥青表面层之间的过渡和有效联结

8. 关于水泥混凝土路面横向裂缝预防措施的说法，错误的是（　　）。

A. 严格掌握混凝土路面的切缝时间

B. 混凝土路面的结构组合与厚度设计应满足交通需要，特别是重车、超重车的路段

C. 混凝土施工时，振捣要适度、均匀

D. 选用干缩性较大的硅酸盐水泥或普通硅酸盐水泥

9. 泵送混凝土中不适合采用的外掺剂或掺合料是（　　）。

A. 减水剂　　　　　　　　　B. 速凝剂

C. 粉煤灰　　　　　　　　　D. 活性矿物掺合料

10. 一般适用于特大的或重要的桥梁在线监测，该方法自动化程度高，是当前的研究热点与发展方向的桥梁监测方式是（　　）。

A. 人工监测　　　　　　　　B. 自动监测

C. 联合监测　　　　　　　　D. 综合监测

11. 软岩大变形地段隧道开挖和支护中，仰拱施工宜紧跟掌子面施工，仰拱与掌子面距离一般不超过（　　）倍隧道开挖宽度。

A. 1.5　　　　　　　　　　　B. 2

C. 2.5　　　　　　　　　　　D. 3

12. 特长隧道是指长度大于（　　）m的隧道。

A. 1000　　　　　　　　　　B. 2000

C. 3000　　　　　　　　　　D. 5000

13. 公路照明系统的照明方式可以分为一般照明、局部照明和（　　）。

A. 自然照明　　　　　　　　B. 隧道照明

C. 混合照明　　　　　　　　D. 互通立交照明

14. 某施工单位承接一合同金额为1.8亿元的桥梁工程，根据《公路水运工程安全生产监督管理办法》，该单位应在此项目至少配置（　　）名专职安全生产管理人员。

A. 1　　　　　　　　　　　　B. 2

C. 3　　　　　　　　　　　　D. 4

15. 超过一定规模的危险性较大的分部分项工程专项方案应当由（　　）组织召开专家论证会。

A. 业主　　　　　　　　　　B. 设计单位

C. 施工单位　　　　　　　　D. 监理单位

16. 以公路里程或工程位置为横轴的进度计划形式是（　　）。

A. 横道图 B. S 曲线图
C. 垂直图 D. 网络图

17. 工程项目施工成本管理活动中不确定因素最多、最复杂、最基础也是最重要的管理内容是（　　）。
A. 施工成本控制 B. 施工成本核算
C. 施工成本分析 D. 施工成本考核

18. 施工项目根据不同生产安全事故类型，针对具体部位、作业环节和设施设备等制定的应急处置措施是（　　）。
A. 项目综合应急救援预案 B. 合同段专项应急救援预案
C. 现场处置方案 D. 合同段分项应急救援预案

19. 工程项目的图纸会审由（　　）组织技术及相关人员结合现场踏勘情况对施工图纸进行初审。
A. 总监理工程师 B. 承包人项目总工
C. 项目经理 D. 发包人项目负责人

20. 对边角破碎损坏较深和较宽的水泥路面应（　　）。
A. 先用切割机切除损坏部分，然后浇筑同强度等级混凝土
B. 凿除 50mm 以上，然后用细石拌制的混凝土填平
C. 将整板全部凿除，重新夯实路基及基层
D. 钻穿板块，然后用水泥浆高压灌注处理

二、多项选择题（共 10 题，每题 2 分。每题的备选项中，有 2 个或 2 个以上符合题意，至少有 1 个错项。错选，本题不得分；少选，所选的每个选项得 0.5 分）

21. 公路工程第三级技术交底内容有（　　）。
A. 作业标准、施工规范及验收标准
B. 施工技术方案、工程的重难点
C. 测量放样桩、测量控制网、监控量测
D. 施工工艺流程及施工先后顺序
E. 重大危险源、出现紧急情况下的应急救援措施

22. 软土鉴别的指标有（　　）。
A. 天然孔隙比 B. 天然含水率
C. 压缩系数 D. CBR 值
E. 快剪内摩擦角

23. 路基横向裂缝的防治措施有（　　）。
A. 不同种类的土应分层填筑
B. 直接使用液限大于 50、塑性指数大于 26 的土
C. 确保路基顶填筑层压实厚度不小于 50mm
D. 严格控制路基每一填筑层的含水率
E. 同一填筑层不得混用不同种类的土

3

24. 根据浇洒沥青和撒布集料的遍数不同，属于沥青表面处治的施工方法有（　　）。

   A. 单层式
   B. 贯入式
   C. 浸入式
   D. 双层式
   E. 三层式

25. 桥梁工程放样测量时，应对桥梁各墩台的（　　）等数据进行复核计算，确认无误后再施测。

   A. 基础坐标
   B. 跨径
   C. 精度要求
   D. 控制性里程桩号
   E. 设计高程

26. 新旧桥梁的上部结构和下部结构相互连接的特点有（　　）。

   A. 上部构造连接处可能产生裂缝
   B. 拼接后桥梁整体性较好
   C. 可能会使下部构造帽梁、系梁、桥台连接处产生裂缝
   D. 使用功能下降，维修困难
   E. 工程成本低

27. 隧道通风控制系统是根据（　　）检测到的环境数据、交通量数据等控制风机的运转进行通风。

   A. 一氧化碳检测器
   B. 噪声检测器
   C. 风速风向检测器
   D. 湿度检测器
   E. 温度检测器

28. 公路施工过程基本组织方法除流水作业法外，还有（　　）。

   A. 矩阵作业法
   B. 时差作业法
   C. 班组作业法
   D. 平行作业法
   E. 顺序作业法

29. 沥青混凝土路面施工质量控制关键点有（　　）。

   A. 沥青材料的检查与试验
   B. 沥青混凝土配合比设计和试验
   C. 沥青混凝土的拌和、运输及摊铺温度控制
   D. 沥青混凝土施工机械设备配置与压实方案
   E. 沥青混凝土摊铺厚度及水胶比的控制

30. 关于沥青混凝土路面工程施工安全管理措施的说法，正确的有（　　）。

   A. 沥青罐内检查不得使用明火照明
   B. 拌合机点火失效时，应关闭喷燃器油门，并应通风清吹后再行点火
   C. 洒布机具洒布沥青时，喷头不得朝外，喷头5m范围内不得站人
   D. 作业人员应在行驶机械后方清除轮上黏附物

E. 沥青拌合站应配备灭火器、消防砂等消防设施

三、实务操作和案例分析题 [共5题，（一）、（二）、（三）题各20分，（四）、（五）题各30分]

（一）

背景资料：

某单洞双车道二级公路隧道长960m，开挖宽度10m，断面面积$50m^2$。由于工期紧张，施工单位采用对向掘进方案。

施工中发生以下事件：

事件1：由于隧道围岩条件较好，对向开挖工作面的间距达到15m时，确定该长度为贯通段长度，开挖方法改为进口向出口单向开挖。

事件2：为保证贯通安全，贯通段开挖方法由全断面法改为台阶法，台阶法施工工序示意图如图1所示。

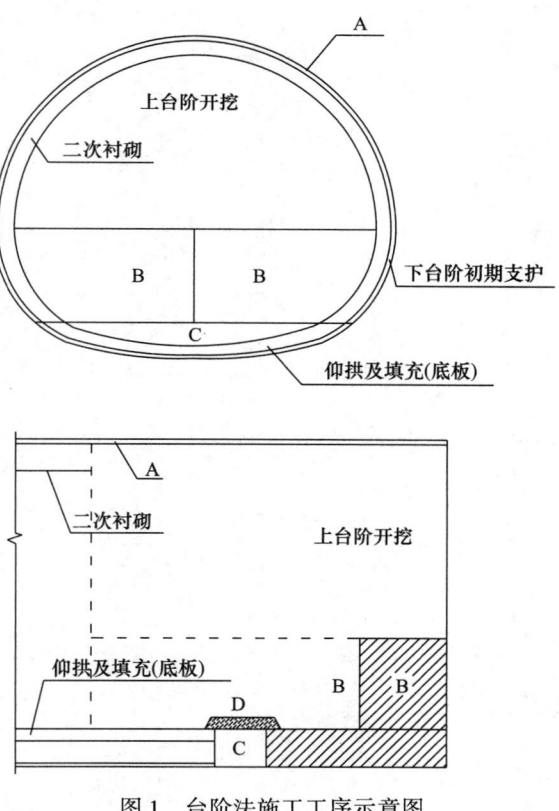

图1 台阶法施工工序示意图

事件3：贯通过程中，隧道拱部发生坍塌并造成超挖。为此，设计院变更了设计参数，项目部编制了相应的施工方案。经监理工程师确认该设计变更为一般工程变更，并经过审批后实施。审批流程如下：施工单位提出申请→E审查→F签署工程变更令→施工单位组织变更工程施工→监理工程师和施工单位协商确定变更工程的价款及办理有关的结算工作。

问题：

1. 按照隧道跨度和长度分类，该隧道分别属于哪种类型隧道？写出承接该项目的施工单位需要具备的最低隧道工程专业承包资质。

2. 判断事件1中施工单位确定的贯通段长度是否正确，若不正确写出正确的贯通段长度，并说明理由。

3. 写出图1中A、B、C、D代表的施工工序。

4. 事件3中处理拱部坍塌造成超挖的施工方案是否需要重新进行技术交底？补充事件3中一般工程变更审批流程中E和F的名称。

(二)

背景资料:

某施工单位承建了二级公路水泥混凝土路面工程,路面面层采用滑模摊铺机铺筑。开工前施工单位编制了施工组织设计,其中双代号网络计划图如图2所示。

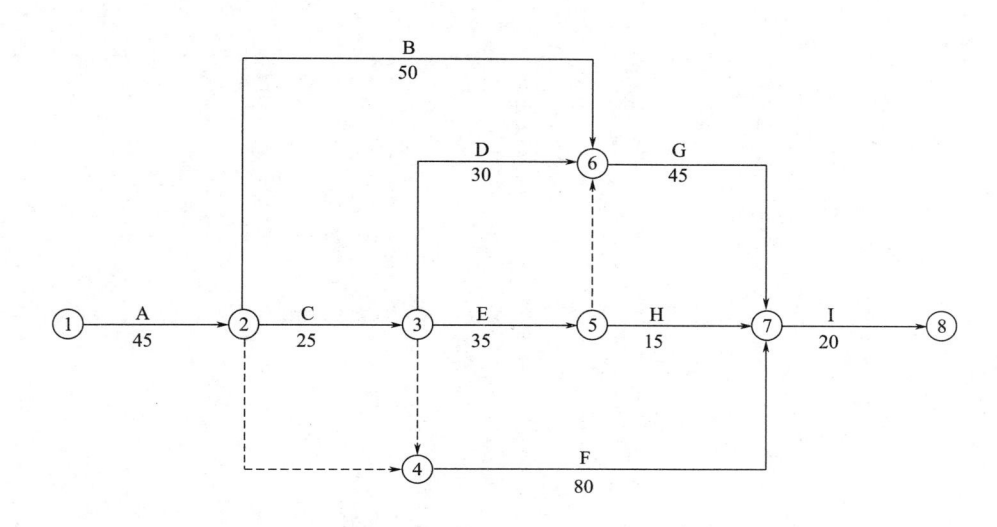

图2 双代号网络计划图(时间单位:d)

施工中发生以下事件:

事件1:面层施工前,施工单位对水泥稳定碎石基层质量进行检查,发现基层存在非扩展性温缩裂缝和局部破碎两种现象。施工单位针对非扩展性温缩裂缝采取的处理措施是:先进行M,再采用土工合成材料进行防裂处理;针对局部破碎采取的处理措施是:先进行N,再采用贫混凝土修复。

事件2:水泥混凝土面层施工中,施工单位的部分做法如下:

(1)混凝土拌合物搅拌时,外加剂以稀释溶液加入,其稀释用水量从拌合加水量中扣除。

(2)低温期施工时,拌合物出搅拌机的温度不低于5℃。

(3)每日施工结束后或因临时原因中断施工时,设置横向胀缝。

(4)为保证摊铺质量稳定,当拌合物稠度发生变化时,先采取调整振捣频率的措施,后采取改变摊铺速度的措施。

事件3:在水泥混凝土弯拉强度试验中,施工单位使用了尺寸为 $a×a×b$ 的标准试件,使用的仪器有弯拉试验装置和R。

问题:

1. 根据图2,答出总工期和关键线路(关键线路用工作名称作答,如ACD……)。

2. 答出事件 1 中 M、N 的内容。
3. 逐条判断事件 2 中施工单位的做法是否正确。若不正确，答出正确做法。
4. 答出事件 3 中仪器 R 的名称和标准试件尺寸 a、b 的值（单位：mm）。

（三）

背景资料：

二级公路某大桥全长857m，桥宽12.5m，桥梁上部结构布置为：4×25mT梁+6×40mT梁+（45+80+45）m悬浇连续箱梁+6×40mT梁+4×25mT梁。其中40mT梁桥跨横断面如图3所示。

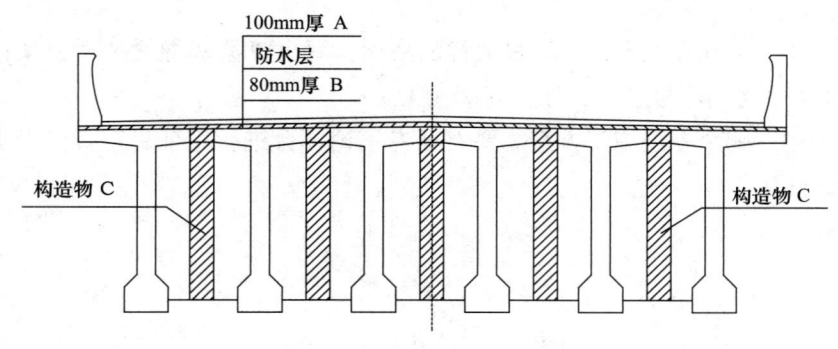

![40mT梁桥跨横断面示意图，标注有100mm厚A、防水层、80mm厚B、构造物C]

图3 40mT梁桥跨横断面示意图

T梁预制场位于南岸0号桥台一侧的路基上，设有3个25mT梁预制台座与4个40mT梁预制台座。结合本桥结构及地形条件，使用1台运梁平车将T梁从预制场的存梁区移运至架梁现场，采用40m双导梁架桥机首先对南岸T梁逐孔架设，待（45+80+45）m悬浇连续箱梁施工完毕后逐孔架设北岸各跨T梁。

施工中发生如下事件：

事件1：T梁预制完成后，采用两台设计起吊能力为125t的龙门起重机将T梁吊运至存梁区存放。移梁前对梁体喷涂统一标识，标识内容包括预制时间、施工单位、部位名称。施工单位T梁存放做法如下：

（1）T梁移运至存梁区时，其混凝土强度不低于设计强度的80%。

（2）T梁叠层存放时不得超过三层。

（3）叠层存放时下层T梁端部顶面上用加厚钢板支垫。

（4）T梁按吊装次序、方向水平分层叠放，标志向外，并支撑牢固。

事件2：T梁吊装前，在每片梁两端标出竖向中心线，并在盖梁（桥台）顶面上测量放样，放出梁的纵向中心线与每片梁的具体位置。

T梁预制并运输到架设施工现场，采用双导梁架桥机架设的主要施工工序包括：①架桥机及导梁拼装，试吊；②架桥机前移至安装跨，支顶前支架；③安放支座；④降梁，横移到位；⑤运梁喂梁，吊梁、纵移到位；⑥铰缝施工，完成整跨安装；⑦重复各步骤架设下一片梁直至完成整孔梁；⑧架桥机前移至下一跨，直至完成整桥施工。

事件3：施工前，根据《公路工程施工安全技术规范》JTG F90—2015和《公路水运工程安全生产监督管理办法》，施工单位针对本桥梁上部结构施工危险性较大工程编制了25mT梁预制、25mT梁运输与安装、40mT梁预制、40mT梁运输与安装共四个专项施工方案，并按照方案要求进行施工。

问题：

1. 分别计算本大桥需预制 40mT 梁的边梁、中梁的数量（单位：片）。

2. 写出图 3 中结构层 A、B 和构造物 C 的名称。

3. 事件 1 中，补充 T 梁还应喷涂的标识内容。施工单位存梁做法中哪两条是错误的？并改正错误之处。

4. 事件 2 中，补充在墩台面上测量放样的缺项；写出 T 梁双导梁架桥机架设施工工序①~⑧的正确排序（用序号表示，如：③②④①……）。

5. 事件 3 中，哪个专项施工方案需要召开专家论证会进行论证、审查？专家论证会由哪个单位组织召开？

(四)

背景资料：

某二级公路工程施工合同段，包含两段路基（K6+000～K6+460、K6+920～K8+325）和一座隧道（K6+460～K6+920），两段路基中既有挖方也有填方。隧道上覆土厚约20m，围岩级别为Ⅳ、Ⅴ级，其中Ⅳ级围岩主要由较坚硬岩组成，Ⅴ级围岩主要由第四系稍湿碎石土组成，该隧道为大断面隧道。

施工单位采用挖掘机开挖路基挖方段土方，开挖时采用横挖法自上而下分台阶进行，直接挖至设计边坡线，并避免超欠挖。开挖时每层台阶高度控制在3～4m以内，并在台阶面设置2%纵横坡以避免雨季积水。

根据施工组织设计要求，部分路基填筑利用隧道洞渣作为路基填料，一般路段采用分层填筑方法施工，土石方分层填筑施工工艺流程如图4所示。

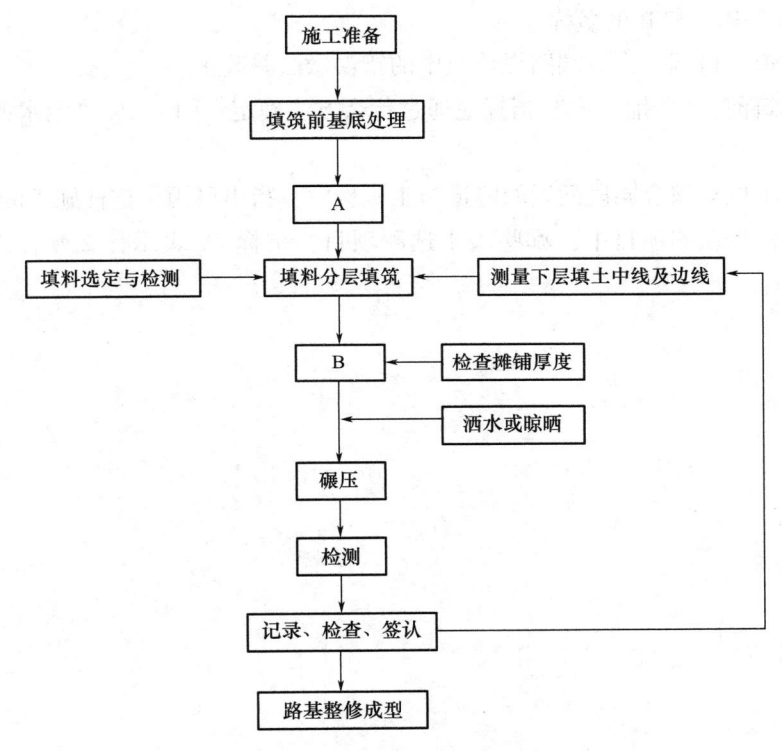

图4 土石方分层填筑施工工艺流程

隧道进口端路堤，土石料填筑（其中粒径大于40mm的石料超过80%）采用水平分层填筑方法施工，每一层厚控制在400mm，路堤与路床的填料粒径控制不超过层厚，不均匀系数控制在15～20之间。隧道出口端路堤，由于地势低洼，土石料填筑（其中粒径大于40mm的石料占55%）采用倾填方法施工。

隧道施工采用新奥法，根据施工进度计划，并结合地质情况及运输条件，施工单位对该合同段的隧道施工配置了挖掘机、自卸式汽车、风动凿岩机、装载机、凿岩台车、模板衬砌台车、钻孔机、混凝土喷射机、注浆机等施工机械。

监控量测方案中确定了洞内外观察、围岩体内位移（洞内设点）、周边位移、拱顶下沉、锚杆轴力、钢架内力及外力等监控量测项目，并明确了量测部位和测点布置；在量测数据处理与应用中给出了位移管理等级，见表1。

表1 位移管理等级

管理等级	管理位移(mm)	施工状态
Ⅲ	$U<U_0/3$	可正常施工
Ⅱ	$U_0/3 \leq U \leq 2U_0/3$	C
Ⅰ	$U>2U_0/3$	应采取特殊措施

问题：

1. 指出路基土方开挖的错误做法，并说明理由。
2. 写出图4中A和B的名称。
3. 指出隧道进口端与出口端路堤填筑中的错误做法并改正。
4. 路基填筑前，"摊铺厚度"指标应通过什么方法确定？图4中，"洒水或晾晒"的目的是什么？
5. 在施工单位对该合同段配置的隧道施工机械中，指出可用于锚杆施工的机械。
6. 所列的监控量测项目中，哪些属于选测项目？指标 U_0 表示什么？写出施工状态C的内容。

(五)

背景资料:

某施工单位承建了一级公路路基工程,路基宽度25m,其中K2+100~K2+500为路堑,K6+200~K6+900为斜坡高路堤。施工前,施工单位对原地面进行复测,核对了横断面地面线。在深挖、高填路段施工中,每开挖、填筑一个边坡平台或3~5m,复测横断面。

K2+100~K2+500段路堑施工中,第一级边坡采用路堑挡土墙加固,第二级边坡采用挂铁丝网喷播基材绿化封闭,防止坡面风化剥落,路堑高边坡加固设计如图5所示。挡土墙的施工工序包括:①测量放样;②墙身施工;③基础施工;④基坑开挖;⑤其他附属工程施工。挡土墙施工中,基坑开挖分段跳槽进行;作业高度超过1.8m时,设置脚手架;挡土墙高度超过2m时,按高处作业要求进行安全防护。

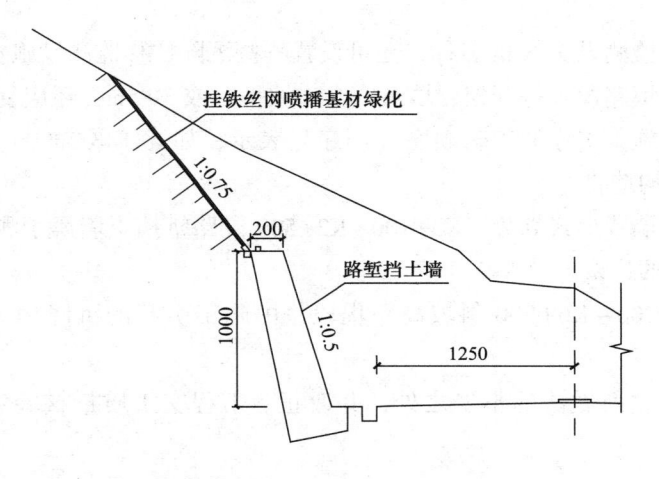

图5 路堑高边坡加固设计图(图中尺寸以cm计)

K6+200~K6+900段斜坡高路堤填筑前,对原地基进行了压实,压实度控制在90%以上。斜坡高路堤段采用强度高、水稳性好的材料进行水平分层填筑,并按设计要求预留高度与宽度,每填筑2m进行冲击补压一次。为提高施工安全与施工质量,施工单位对斜坡高路堤进行了稳定监测,稳定监测设施按图6中所示位置布设,纵向按每200m间距布置一处,并优先安排斜坡高路堤施工,预留了5个月的沉降期。斜坡高路堤完工后,路堤沉降稍大,经处理合格后,通过验收。

该工程交工验收前,施工单位组织对工程质量是否合格进行了检测,出具了交工验收质量检测报告,连同设计单位出具的工程设计符合性评价意见、监理单位提交的工程质量评估报告一并提交交通运输主管部门委托的建设工程质量监督机构,建设工程质量监督机构对提交的报告材料进行了审核,并对工程质量进行了验证性检测,出具了工程交工质量核验意见。

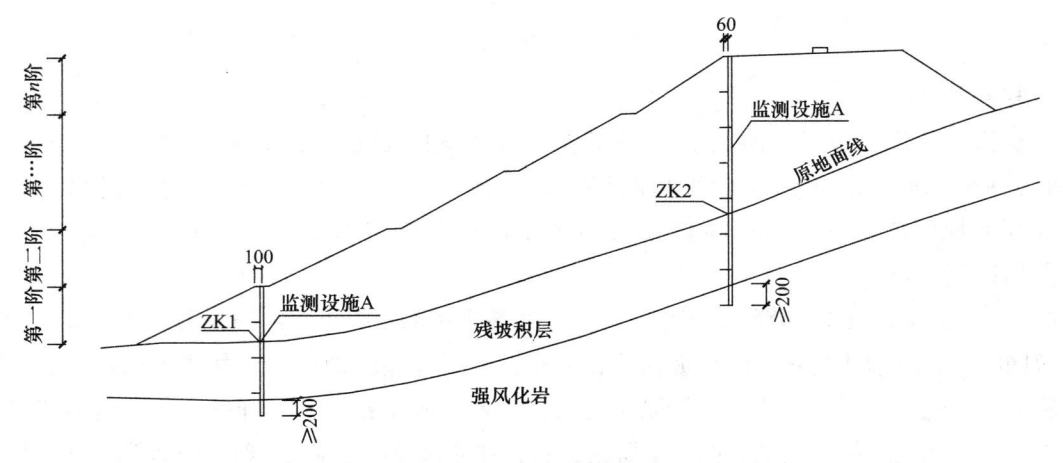

图 6 斜坡高路堤稳定监测布设示意图（图中尺寸以 cm 计）

问题：

1. 写出图 6 中监测设施 A 的名称，还可设置哪些沉降位移监测设施？

2. 对深挖、高填路段，每开挖、填筑一个边坡平台或 3~5m，还应复测什么项目？

3. 写出挡土墙施工工序的正确顺序（用序号表示，如⑤①③②④）。工序⑤中的其他附属工程包括哪些构造物？

4. 按照挡土墙墙背形式划分，K2+100~K2+500 段路堑挡土墙属于哪种形式的挡土墙？改正挡土墙施工中的错误。

5. 试分析 K6+200~K6+900 斜坡高路堤段，由施工引起的沉降稍大病害的 4 个可能原因。

6. 指出交工验收前做法的不妥之处，并改正。工程交工质量核验意见应当包括哪些内容？

考前冲刺试卷（二）参考答案及解析

一、单项选择题

1. C；	2. A；	3. D；	4. C；	5. B；
6. A；	7. C；	8. D；	9. B；	10. B；
11. B；	12. C；	13. C；	14. D；	15. C；
16. C；	17. A；	18. C；	19. B；	20. A。

【解析】

1. C。本题考核的是路基填料的选择。高速公路、一级公路路床填料宜采用砂砾、碎石等水稳性好的粗粒料，也可采用级配好的碎石土、砾石土等；粗粒料缺乏时，可采用无机结合料改良细粒土。

2. A。本题考核的是土石围堰施工。水深1.5m以内、流速0.5m/s以内，河床土质渗水性较小且满足泄洪要求时，可筑土围堰。

3. D。本题考核的是路基改建施工。在路基填筑时，如有必要，可铺设土工布或土工格栅，以加强路基的整体强度及板体作用，防止路基不均匀沉降而产生反射裂缝。

4. C。本题考核的是路基地面排水设施的施工要点。截水沟应先行施工，纵坡宜不小于0.3%。不良地质路段、土质松软路段、透水性大或岩石裂隙多的路段的截水沟沟底、沟壁、出水口应进行防渗及加固处理。

5. B。本题考核的是路基压实质量问题的防治。对产生"弹簧"现象且急于赶工的路段，可掺生石灰粉翻拌，待其含水率适宜后重新碾压。

6. A。本题考核的是水泥混凝土路面施工技术。高温期施工宜采用普通型水泥，故选项B错误。低温期施工应采用早强型水泥，故选项C错误。采用滑模摊铺机铺筑时，宜选用散装水泥，故选项D错误。

7. C。本题考核的是粘层施工技术中粘层的作用。粘层的作用是使上下层沥青结构层或沥青结构层与结构物（或水泥混凝土路面）完全粘结成一个整体，故选项C正确。为使沥青面层与基层结合良好，在基层上浇洒乳化沥青等而形成透入基层表面的薄层为透层的作用，故选项A错误。封闭某一层起保水防水作用、基层与沥青表面层之间的过渡和有效联结为封层的作用，故选项B、D错误。

8. D。本题考核的是水泥混凝土路面横向裂缝的预防措施。水泥混凝土路面横向裂缝的预防措施包括：

（1）严格掌握混凝土路面的切缝时间。

（2）当连续浇捣长度很长，切缝设备不足时，可在1/2长度处先锯，之后再分段锯；可间隔几十米设一条压缝，以减少收缩应力的积聚。

15

（3）保证基础稳定、无沉陷。在沟槽、河道回填处必须按规范要求，做到密实、均匀。

（4）混凝土路面的结构组合与厚度设计应满足交通需要，特别是重车、超重车的路段。

（5）选用干缩性较小的硅酸盐水泥或普通硅酸盐水泥。严格控制材料用量，保证计量准确，并及时养护。

（6）混凝土施工时，振捣要适度、均匀。

9．B。本题考核的是泵送混凝土的外掺剂和掺合料。宜掺用可降低混凝土早期水化热的外加剂和掺合料，外加剂宜采用缓凝剂、减水剂；掺合料宜采用粉煤灰、粒化高炉矿渣粉等。

10．B。本题考核的是桥梁监测。自动监测：用固定在桥梁上的专用设备，实时地监测桥梁的工作参数；由专用设备和软件对工作参数进行识别加工，得到能反映桥梁工作状态的信息；再用特定的方法分析这些状态信息与桥梁的健康档案相比较，给出桥梁的健康状况或损伤状况。一般适用于特大的或重要的桥梁在线监测。这种方法自动化程度高，是当前的研究热点与发展方向。

11．B。本题考核的是软岩大变形地段施工。软岩大变形地段隧道开挖和支护中，仰拱施工宜紧跟掌子面施工，仰拱与掌子面距离一般不超过2倍隧道开挖宽度。

12．C。本题考核的是隧道分类。公路隧道按照长度可分为特长隧道、长隧道、中隧道和短隧道四类，具体分类标准见表2。

表2　隧道按长度分类

隧道分类	特长隧道	长隧道	中隧道	短隧道
隧道长度$L(m)$	$L>3000$	$1000<L\leqslant3000$	$500<L\leqslant1000$	$L\leqslant500$

13．C。本题考核的是照明方式。照明方式可以分为一般照明、局部照明和混合照明；照明种类可以分为正常照明和应急照明。

14．D。本题考核的是公路工程承包人安全责任。施工单位应当根据工程施工作业特点、安全风险以及施工组织难度，按照年度施工产值配备专职安全生产管理人员，不足5000万元的至少配备1名；5000万元以上不足2亿元的按每5000万元不少于1名的比例配备；2亿元以上的不少于5名，且按专业配备。

15．C。本题考核的是专家论证。超过一定规模的危险性较大的分部分项工程专项方案应当由施工单位组织召开专家论证会。实行施工总承包的，由施工总承包单位组织召开专家论证会。

16．C。本题考核的是公路工程进度计划的主要形式。垂直图是以公路里程或工程位置为横轴，以时间为纵轴，而各分部（项）工程的施工进度则相应地以不同的斜线表示。

17．A。本题考核的是公路工程项目施工成本管理。施工成本控制主要指工程项目施工成本的过程控制。这是工程项目施工成本管理活动中不确定因素最多、最复杂、最基础也是最重要的管理内容。

18. C。本题考核的是应急救援预案体系。现场处置方案是施工项目根据不同生产安全事故类型，针对具体部位、作业环节和设施设备等制定的应急处置措施，重点分析风险事件，规范应急工作职责、处置措施和注意事项，应突出班组自救互救与先期处置的特点。

19. B。本题考核的是公路工程施工图纸会审。工程项目的图纸会审由承包人项目总工组织技术及相关人员结合现场踏勘情况对施工图纸进行初审，以书面报告向驻地监理提出需要设计澄清的问题。

20. A。本题考核的是水泥路面改造加铺沥青面层施工。对破损较浅、较窄的，可凿除50mm以上，然后用细石拌制的混凝土填平，故选项B错误。对发生错台或板块网状开裂的部位，首先考虑是路基质量问题，必须将整板全部凿除，重新夯实路基及基层，故选项C错误。对板块脱空、桥头沉陷、不均匀沉陷及弯沉较大的部位，应钻穿板块，然后用水泥浆高压灌注处理，故选项D错误。

二、多项选择题

21. A、D、E；　　　　22. A、B、C、E；　　　　23. A、D、E；
24. A、D、E；　　　　25. A、D、E；　　　　　26. A、B、C、D；
27. A、C；　　　　　　28. D、E；　　　　　　　29. A、B、C、D；
30. A、B、D、E。

【解析】

21. A、D、E。本题考核的是技术交底的主要内容。选项B属于第一级交底的主要内容，选项C属于第二级交底的主要内容。

22. A、B、C、E。本题考核的是软土鉴别的指标。软土鉴别的指标见表3。

表3　软土鉴别指标表

特征指标名称	天然含水率(%)	天然孔隙比	快剪内摩擦角(°)	十字板抗剪强度(kPa)	静力触探锥尖阻力(MPa)	压缩系数 $a_{0.1-0.2}$（MPa^{-1}）
黏质土、有机质土	≥35	≥1.0	宜小于5	宜小于35	宜小于0.75	宜大于0.5
粉质土	≥30	≥液限 ≥0.9	宜小于8			宜大于0.3

23. A、D、E。本题考核的是路基裂缝防治。路基横向裂缝的防治措施：

（1）路基填料禁止直接使用液限大于50、塑性指数大于26的土。当选材困难，必须直接使用时，应采取相应的技术措施。

（2）不同种类的土应分层填筑，同一填筑层不得混用。

（3）路基顶填筑层分段作业施工，两段交接处应按要求处理。

17

（4）严格控制路基每一填筑层的含水率、标高、平整度，确保路基顶填筑层压实厚度不小于80mm。

24. A、D、E。本题考核的是沥青表面处治。表面处治按浇洒沥青和撒布集料的遍数不同，分为单层式、双层式、三层式。

25. A、D、E。本题考核的是桥梁工程施工测量一般要求。桥梁工程放样测量时，应对桥梁各墩台的控制性里程桩号、基础坐标、设计高程等数据进行复核计算，确认无误后再施测。

26. A、B、C、D。本题考核的是桥梁工程改（扩）建施工。优点是将加宽桥、原桥之间连系成为整体，拼接后桥梁整体性较好。主要缺点是由于加宽桥基础沉降大于老桥基础沉降，由此产生的附加内力较大，可能会使下部构造帽梁、系梁、桥台连接处产生裂缝；上部构造连接处也可能产生裂缝，导致使用功能下降，维修困难，外观不雅。此外，下部构造需采用植筋连接技术，工程成本高。因此该连接方案有一定的适用条件，需要采用相应技术措施。

27. A、C。本题考核的是隧道通风控制系统的功能。隧道通风控制系统是根据一氧化碳/透过率检测器、风速风向检测器检测到的环境数据、交通量数据等控制风机的运转进行通风，同时控制风机的运行台数、风向、风速、运行时间，实现节能运行和保持风机较佳寿命的控制运行；并在发生火灾时根据不同地点对风机风向、风速、运行台数的控制进行相应的火灾排烟处理，以保证隧道运行环境的舒适性及安全性。

28. D、E。本题考核的是公路施工过程基本组织方法。公路施工过程基本组织方法有顺序作业法、平行作业法、流水作业法。

29. A、B、C、D。本题考核的是工程质量控制关键点设置。沥青混凝土路面施工中常见质量控制关键点：

（1）基层强度、平整度、高程的检查与控制。

（2）沥青材料的检查与试验。沥青混凝土配合比设计和试验。

（3）沥青混凝土拌合设备及计量装置校验。

（4）路面施工机械设备配置与压实方案。

（5）沥青混凝土的拌和、运输及摊铺温度控制。

（6）沥青混凝土摊铺厚度的控制和摊铺中离析控制。

（7）沥青混凝土的碾压与接缝施工。

30. A、B、D、E。本题考核的是路面工程施工安全管理措施。洒布机具洒布沥青时，喷头不得朝外，喷头10m范围内不得站人。

三、实务操作和案例分析题

（一）

1. 按跨度进行分类：一般跨度隧道。
按长度进行分类：中等长度隧道。

承接该项目的施工单位需要具备的最低隧道专业承包资质：二级资质。

2. 事件1中施工单位确定的贯通段长度不正确。

贯通段长度应为：25m。

理由：围岩条件较好地段，两开挖面间距达到2.5倍隧道宽度，应改为单向开挖。

3. 图1中A、B、C、D代表的施工工序如下：

A：上台阶初期支护（或初支，或初次衬砌，或初衬，或一次衬砌）；

B：下台阶开挖；

C：底部（或仰拱）开挖；

D：仰拱栈桥搭设。

4. 方案需要重新技术交底。

事件3一般工程变更审批流程中，E：驻地监理工程师；F：总监理工程师（或总监）。

（二）

1. 图2的总工期为170d。

图2的关键线路：ACEGI 和 ACFI。

2. 事件1中，M的内容：灌沥青（或灌缝）密封防水；N的内容：局部全厚度挖除（或清除，或凿除）。

3. 逐条判断事件2中施工单位的做法是否正确：

（1）正确。

（2）不正确。正确做法：低温期施工时，拌合物出搅拌机的温度不低于10℃。

（3）不正确。正确做法：每日施工结束后或因临时原因中断施工时，设置横向施工缝。

（4）正确。

4. 事件3中仪器的名称是万能试验机。

标准试件尺寸 a 的值为150mm，b 的值为550mm。

（三）

1. 40mT梁的边梁数量为：2×6×2＝24片；中梁数量为：4×6×2＝48片。

2. 结构层A：沥青混凝土（水泥混凝土）桥面铺装层。

结构层B：钢筋混凝土现浇调平层。

构造物C：横隔板湿接缝。

3. T梁还应喷涂的标识内容包括：张拉时间、梁体编号。

施工单位存梁做法中（2）、（3）错误。

存梁做法中（2）的正确做法：T梁叠层存放时不得超过2层。

存梁做法中（3）的正确做法：当构件多层叠放时，层与层之间应以垫木隔开。支垫材质应采用承载力足够的非刚性材料。

4. 墩台面上测量放样的缺项包括：支座纵横中心线、梁板端位置横线。

T梁双导梁架桥机架设施工工序：①→②→⑤→④→③→⑦→⑥→⑧。

5. 事件3中需要召开专家论证会进行论证、审查的施工方案：40mT梁的运输与安装。专家论证会由施工单位组织召开。

（四）

1. "直接挖至设计边坡线"的做法错误。因为按相关规范规定，应预留一定的宽度，以免扰动边坡线外土体。

2. A是基底检测，B是推土机摊铺整平（或摊平，或整平）。

3. "路堤与路床的填料粒径控制不超过层厚"错误。改为"路堤填料粒径不宜超过层厚的2/3（即267mm），路床底面以下400mm范围内，填料粒径应小于150mm，路床填料粒径应小于100mm"。

"土石料填筑（其中粒径大于40mm的石料占55%）时采用倾填方法施工"错误。改为"土石料填筑（其中粒径大于40mm的石料占55%）采用分层填筑、分层压实"。

4. "摊铺厚度"应通过试验（或铺筑试验路段）方法确定；"洒水或晾晒"的目的是使填料含水量接近最佳含水量，以达到最佳压实效果。

5. 在施工单位对该合同段配置的隧道施工机械中，可用于锚杆施工的有：风动凿岩机、凿岩台车、钻孔机、注浆机。

6. （1）属于选测项目的有：围岩体内位移（洞内设点）、锚杆轴力、钢架内力及外力。

（2）指标U_0表示：设计极限位移值。

（3）施工状态C的内容：应加强支护。

（五）

1. 图6中监测设施A的名称是测斜管。还可设置的沉降位移监测设施包括：地表水平位移桩、地表型沉降计（或沉降板或桩）。

2. 每开挖、填筑一个边坡平台或3~5m，还应复测中线。

3. 挡土墙施工工序的正确顺序为：①④③②⑤。

其他附属工程包括：伸缩缝与沉降缝、泄水孔、锥坡。

4. K2+100~K2+500段路堑挡土墙属于仰斜式挡土墙。

错误之处："作业高度超过1.8m时，设置脚手架"。

正确做法："作业高度超过1.2m时，设置脚手架"。

5. 斜坡高路堤沉降的4个主要原因：

（1）地基处理不彻底。

（2）填筑层厚度偏大。

（3）压实不均匀，压实度达不到要求。

（4）路堤固结沉降。

6. 交工验收前做法的不妥之处：施工单位组织对工程质量是否合格进行了检测，出具了交工验收质量检测报告。

改正：应由建设单位组织对工程质量是否合格进行检测，并出具交工验收质量检测报告。

工程交工质量核验意见应当包括交工验收质量检测工作组织、质量评定或者评估程序执行、监督管理过程中发现的质量问题整改以及工程质量验证性检测结果等情况。

《公路工程管理与实务》
考前冲刺试卷（三）及解析

《公路工程管理与实务》考前冲刺试卷（三）

一、单项选择题（共20题，每题1分。每题的备选项中，只有1个最符合题意）

1. 不得直接填筑于冰冻地区三、四级公路下路床的填料是（　　）。
   A. 湿黏土　　　　　　　　　B. 弱膨胀土
   C. 红黏土　　　　　　　　　D. 粉质土

2. 桥梁预应力混凝土梁存放时间超3个月，应对梁进行检测的项目是（　　）。
   A. 混凝土强度　　　　　　　B. 应变
   C. 应力　　　　　　　　　　D. 上拱度

3. 路基施工放样测量中，以平面曲线起点（或终点）至曲线任一点的弦线与切线之间的弦切角和弦长来确定待放点位置的方法称为（　　）。
   A. 切线支距法　　　　　　　B. 坐标法
   C. 直角坐标法　　　　　　　D. 偏角法

4. 渗沟沟底不能埋入不透水层时，两侧沟壁均应设置（　　）。
   A. 防水层　　　　　　　　　B. 封闭层
   C. 排水层　　　　　　　　　D. 反滤层

5. 填隙碎石底基层，拟采用干法施工，为使摊铺好的粗碎石稳定就位，初压时应选用的压路机为（　　）。
   A. 两轮压路机　　　　　　　B. 重型压路机
   C. 羊足碾　　　　　　　　　D. 胶轮压路机

6. 邻近桥梁或其他固定构造物处，水泥混凝土路面施工措施正确的是（　　）。
   A. 设传力杆平缝型横向施工缝　B. 设拉杆企口缝型横向施工缝
   C. 设横向施工缝　　　　　　　D. 设横向胀缝

7. 多用于基层承载能力良好、面层因疲劳而龟裂的路段，特别适用于老化不太严重的旧沥青路面再生方法是（　　）。
   A. 现场冷再生法　　　　　　B. 现场热再生法
   C. 厂拌热再生法　　　　　　D. 重铺再生法

1

8. 桥梁支架安装完成后，下一工序施工前，必须检查其平面位置、节点连接、纵横向稳定性及（　　）。

A. 杆件长度　　　　　　　　　　B. 承载能力

C. 顶部高程　　　　　　　　　　D. 支架外观

9. 墩台身的预制节段或整体墩身宜采用（　　）起吊。

A. 桥式起重机　　　　　　　　　B. 门式起重机

C. 臂架式起重机　　　　　　　　D. 汽车式起重机

10. 主缆通过锚碇将拉力传给地基，是大跨度悬索桥最佳受力模式的是（　　）。

A. 地锚式悬索桥　　　　　　　　B. 自锚式悬索桥

C. 钢桁梁悬索桥　　　　　　　　D. 预应力混凝土加劲梁悬索桥

11. 隧道发生衬砌裂缝形成的原因不包括（　　）。

A. 衬砌厚度严重不足　　　　　　B. 不均匀沉降

C. 围岩压力不均　　　　　　　　D. 测量放样误差较大

12. 其构造简单，配备较少，造价低，可适应各种复杂地层的盾构是（　　）。

A. 手掘式盾构　　　　　　　　　B. 半机械式盾构

C. 机械式盾构　　　　　　　　　D. 土压平衡盾构

13. 公路工程总承包招标应当在（　　）后进行。

A. 施工图设计文件获得批准

B. 施工图设计文件获得批准并落实建设资金

C. 初步设计文件获得批准

D. 初步设计文件获得批准并落实建设资金

14. 公路工程施工合同段安全生产管理的第一责任人，对落实带班生产制度负全面领导责任的是（　　）。

A. 项目经理　　　　　　　　　　B. 项目技术负责人

C. 专职安全员　　　　　　　　　D. 总监理工程师

15. 公路工程施工招标时，投标文件采用双信封形式密封，第二信封封袋的文件是（　　）。

A. 商务文件　　　　　　　　　　B. 报价文件

C. 补遗书　　　　　　　　　　　D. 技术文件

16. 根据《公路工程质量检验评定标准 第一册 土建工程》JTG F80/1—2017，一般项目的合格率应不低于（　　）。

A. 75%　　　　　　　　　　　　B. 80%

C. 85%　　　　　　　　　　　　D. 90%

17. 关于火灾事故预防监控措施的说法，正确的是（　　）。

A. 普通灯具与易燃物距离不宜小于 200mm

B. 室内 220V 灯具距地面不得低于 1.5m

C. 室外 220V 灯具距地面不得低于 2m

D. 聚光灯等高热灯具与易燃物距离不宜小于500mm

18. 施工项目应当制定应急救援预案演练计划，根据事故风险特点，（　　）至少组织一次综合应急救援预案演练或者专项应急救援预案演练。

A. 每季度　　　　　　　　　　B. 每年
C. 每半年　　　　　　　　　　D. 每月

19. 公路工程中既能平整场地，清除表土，又能修补路基的机械是（　　）。

A. 铲运机　　　　　　　　　　B. 拌合机
C. 平地机　　　　　　　　　　D. 铣刨机

20. 关于桥梁工程施工的平面控制测量中布设平面控制点的说法，正确的是（　　）。

A. 四等及以上平面控制网中相邻点之间的距离不得小于600m
B. 一级平面控制网中相邻点之间的距离在平原、微丘区不得小于300m
C. 特大桥及特殊结构桥梁的每一端应至少埋设3个平面控制点
D. 最大距离应不大于平均边长的3倍

二、多项选择题（共10题，每题2分。每题的备选项中，有2个或2个以上符合题意，至少1个错项。错选，本题不得分；少选，所选的每个选项得0.5分）

21. 关于高程控制测量水准点复测与加密规定的说法，正确的有（　　）。

A. 水准点应进行不定期检查和定期复测，复测周期应不超过3个月
B. 临时水准点应符合相应等级的精度要求，并与相邻水准点闭合
C. 沿路线每500m宜有一个水准点，高速公路、一级公路宜加密，每200m有一个水准点
D. 同一建设项目应采用同一高程系统，并应与相邻项目高程系统相衔接
E. 在结构物附近、高填深挖路段、工程量集中及地形复杂路段，宜增设水准点

22. 无机结合料稳定基层施工中，生石灰的技术指标应符合规范要求的有（　　）。

A. 有效氧化钙加氧化镁含量　　　B. 含水率
C. 未消化残渣含量　　　　　　　D. 细度
E. 氧化镁含量

23. 热拌热铺沥青混合料路面试验段铺筑分试拌及试铺两个阶段，应包括的试验内容有（　　）。

A. 确定压实度的标准检测方法
B. 考察计算机打印装置的可信度
C. 检查铺筑厚度
D. 提出生产用的标准配合比和最佳沥青用量
E. 检测试验段的渗水系数

24. 关于沉入桩沉桩顺序的说法，正确的有（　　）。

A. 宜由一端向另一端进行
B. 如桩埋置有深浅，宜先沉浅的，后沉深的
C. 当基础尺寸较大时，宜由两端或四周向中间进行

D. 在斜坡地带，应先沉坡顶的，后沉坡脚的

E. 桩沉入过程中，应始终保持锤、桩帽和桩身在同一轴线上

25. 关于隧道施工监控量测遇到情况提出预警分级管理的说法，正确的有（　　）。

A. 地表出现开裂、坍塌，实行Ⅰ级管理

B. 渗水压力突然增大，实行Ⅱ级管理

C. 支护结构出现开裂，实行Ⅰ级管理

D. 水流量突然增大，实行Ⅰ级管理

E. 水体颜色或悬着物发生变化，实行Ⅱ级管理

26. 下列设计变更的情形中，属于较大设计变更的有（　　）。

A. 连续长度2km以上的路线方案调整

B. 连接线的标准和规模发生变化

C. 互通式立交的数量发生变化

D. 收费方式及站点位置、规模发生变化

E. 分离式立交的数量发生变化

27. 当工程实际进度偏差影响到后续工作、总工期而需要调整进度计划时，可采用（　　）等方法改变某些工作的逻辑关系。

A. 增加资源投入量

B. 提高劳动效率

C. 将顺序进行的工作改为平行作业

D. 将顺序进行的工作改为搭接作业

E. 分段组织流水作业

28. 施工单位工程项目成本核算应以具有（　　）的单位工程为核算对象。

A. 能独立组织施工　　　　　　B. 独立设计文件

C. 能独立组织验收　　　　　　D. 独立造价文件

E. 独立控制文件

29. 公路工程施工安全生产隐患排查的目标是实现"两项达标""四项严禁""五项制度"的总目标，其中属于"五项制度"的有（　　）。

A. 施工安全监理制度　　　　　B. 施工现场危险告知制度

C. 安全生产费用保障制度　　　D. 专项施工方案审查制度

E. 施工现场安全防护制度

30. 关于膨胀岩土隧道初期支护及二衬施工应符合规定的说法，正确的有（　　）。

A. 可采用长锚杆、可拉伸锚杆和临时仰拱等措施

B. 喷射混凝土可采用逐次加喷或预留纵向变形缝

C. 支护的总压缩量应与预留变形量一致

D. 采用封闭型钢架时，初期支护应及时封闭成环

E. 采用挂网喷射混凝土时，应先喷一层约80mm的混凝土

三、实务操作和案例分析题 [共5题,(一)、(二)、(三)题各20分,(四)、(五)题各30分]

(一)

背景资料:

某施工单位承建了长度为10km的路面工程,该路面工程采用热拌沥青混合料面层。施工单位中标后,项目负责人立即组织人员进场,技术负责人组织编写了路面施工方案,其中热拌沥青混合料面层施工工艺流程图如图1所示。

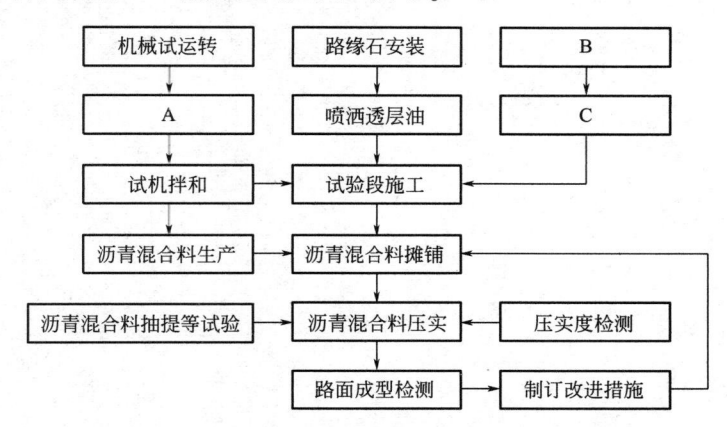

图1 热拌沥青混合料面层施工工艺流程图

施工中发生以下事件:

事件1:施工单位喷洒透层油时,施工技术要求如下:

(1) 透层油采用沥青洒布车,按设计喷油量分两次均匀洒布。
(2) 透层油洒布后应不致流淌,应渗入基层一定深度,在表面形成油膜。
(3) 气温低于10℃或大风、即将降雨时,不得喷洒透层油。
(4) 透层油洒布后应待充分渗透,一般不少于24h后才能摊铺上层。
(5) 在进行下一道工序前,应将局部尚有多余的未渗入基层的透层油清除。

事件2:施工单位通过试验段施工,确定了松铺系数、施工工艺、机械配备等指标,且通过沥青混合料马歇尔试验评价了沥青混合料在外力作用下抵抗变形的能力、抗塑性变形的能力等指标。

事件3:参与项目施工的施工机械设备种类和数量较多,施工单位对施工机械设备建立了管理台账,每台设备进行了归档,主要归档内容如下:

(1) 设备的名称、类别、数量、统一编号。
(2) 产品合格证及生产许可证(复印件及其他证明材料)。
(3)《大、中型设备安装、拆卸方案》《施工设备验收单》及《安装验收报告》。

问题:

1. 写出图1中工艺A、B、C的内容(从"沥青混凝土配合比、配合比调试、批准配合比"中选择）。

　　2. 逐条判断事件1中的施工技术要求是否正确。若不正确，写出正确的施工技术要求。

　　3. 写出事件2中马歇尔试验评价沥青混合料在外力作用下抵抗变形的能力指标以及抗塑性变形的能力指标的名称。

　　4. 补充事件3中机械设备归档内容中遗漏的三项内容。

（二）

背景资料：

某二级公路隧道起讫里程为 K42+054～K42+704，全长 650m，隧道围岩级别为Ⅳ级和Ⅴ级，其中 K42+054～K42+140 及 K42+630～K42+704 为Ⅴ级围岩，K42+140～K42+630 为Ⅳ级围岩。隧道进出口均采用直径 108mm 的超前管棚辅助施工，超前管棚钢管构造示意图如图 2 所示。隧道洞身Ⅳ级围岩段采用两台阶法施工，Ⅴ级围岩段采用环形开挖留核心土法施工。

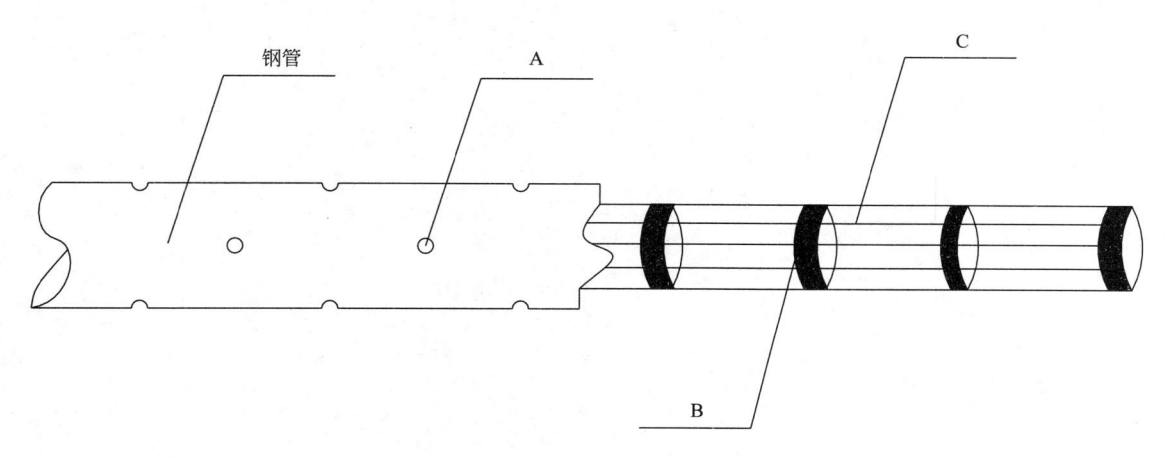

图 2 超前管棚钢管构造示意图

施工中发生以下事件：

事件 1：施工单位在隧道开挖施工中有以下做法：

（1）两台阶法施工时，下台阶在上台阶喷射混凝土强度达到设计强度的 60% 以后开挖。

（2）两台阶法施工时，下台阶左、右侧前后错开开挖。

（3）环形开挖留核心土法施工时，中下台阶每循环进尺按 3 榀钢架间距控制。

（4）环形开挖留核心土法施工时，拱部超前支护完成后，开挖上台阶环形导坑。

事件 2：为保证Ⅴ级围岩与Ⅳ级围岩开挖方法的转换安全，转换前核对了围岩级别并进行了技术交底，转换过程中对各开挖分部及时支护、及时闭合。

事件 3：根据《公路工程质量检验评定标准》，施工单位对喷射混凝土的强度、喷层与围岩接触状况等进行了实测。隧道施工完成后，施工单位对总体质量进行了检验，实测项目包括车行道宽度、内轮廓宽度、内轮廓高度、隧道偏位等。

问题：

1. 答出图 2 中构造 A、B 和材料 C 的名称。
2. 逐条判断事件 1 中施工单位的做法是否正确。若不正确，答出正确做法。

3. 事件2中开挖方法转换应选择在哪级围岩段进行。

4. 补充事件3中喷射混凝土缺少的一项实测项目，并指出其中的一项关键项目。指出隧道总体质量实测项目中的一项关键项目。

(三)

背景资料：

施工单位承建了某大桥工程，该大桥桥址位于两山体之间谷地，跨越一小河流，河流枯水期水深0.5m左右，丰水期水深2m左右，地面以下地层依次为黏土、砂砾、强风化砂岩。该桥基础原设计为40根钻孔灌注桩，桩长12.0~13.8m不等。施工中发生如下事件：

事件1：大桥基础施工时，恰逢河流枯水期且大旱无水。施工单位考虑现场施工条件、环保、工期等因素影响，提请将原设计大桥基础钻孔灌注桩全部变更为人工挖孔桩。监理单位与相关部门评估、审定，认为该变更属于对工程造价影响较大的重要工程变更，在履行相关审批程序后，下达了工程变更令。

事件2：开工前，施工单位编制了人工挖孔桩专项施工方案，为保证施工安全，人工挖孔桩施工采用分节现浇C25混凝土护壁支护，每节护壁高度为1m，桩孔混凝土护壁形式及结构如图3所示。挖孔施工过程中，发现地层中有甲烷、一氧化碳等气体，施工单位重新修订了专项施工方案。

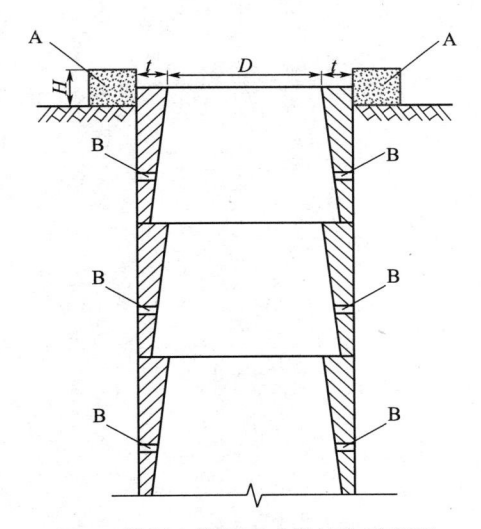

图3　混凝土护壁形式及结构示意图

事件3：桩基础人工挖孔施工中，施工单位采取了如下做法：

（1）挖孔作业时，至少每2h检测一次有毒有害气体及含氧量，保持通风；孔深大于10m时，必须采取机械强制通风措施；

（2）桩孔内设有带罩防水灯泡照明，电压为220V；

（3）桩孔每开挖2m深度浇筑混凝土护壁。

问题：

1. 事件1中，监理工程师下达工程变更令之前，需履行哪两个审批程序？
2. 图3中，混凝土护壁形式属于外齿式还是内齿式？写出构造物A的名称。说明混凝

9

土护壁节段中设置的管孔 B 的主要作用。

3. 根据《公路工程施工安全技术规范》JTG F90—2015，图 3 中标注的 D 与 H 的范围是如何规定的？事件 2 中，为防止施工人员发生中毒窒息事故，挖孔施工现场应配备哪些主要的设备、仪器？

4. 事件 3 中，逐条判断施工单位的做法是否正确？若错误，予以改正。

5. 该大桥挖孔桩修订后的专项施工方案是否需要专家论证审查？说明理由。

(四)

背景资料：

某二级公路双车道隧道全长850m，起讫桩号为K3+450～K4+300，地层岩性以钙质砂岩为主，包含Ⅲ、Ⅳ和Ⅴ级围岩，无不良地质。地下水类型以基岩裂隙水为主，隧道内排水设施横断面布置示意图如图4所示。

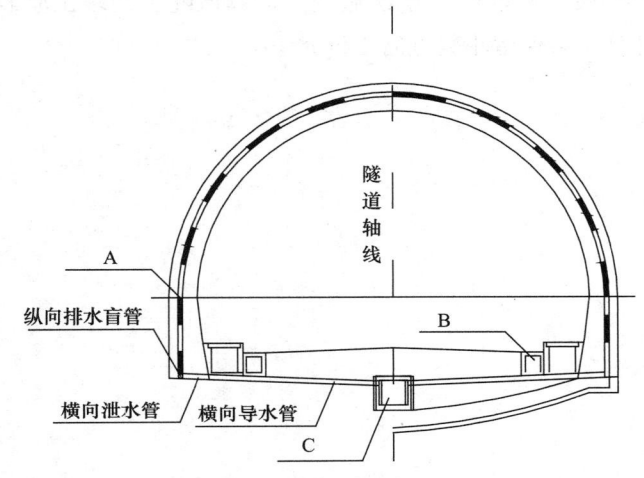

图4 隧道内排水设施横断面布置示意图

施工中发生如下事件：

事件1：施工单位在Ⅲ级围岩段采用钻爆法施工，采用的机械设备拟在下列设备中选择：风动凿岩机、盾构机、装药台车、轮胎式装载机、混凝土湿喷设备、柴油自卸卡车、汽油自卸卡车、混凝土搅拌运输车、混凝土输送泵、衬砌台车、空气压缩机等。

事件2：施工过程中，施工单位按照下列要求进行了防水板的施工。

（1）防水板铺设前应对初期支护表面外露的坚硬物和局部渗漏水进行处理；

（2）初期支护表面应平整，无空鼓、裂缝、松酥，不平处用喷射混凝土找平；

（3）防水板宜采用高分子材料，幅宽2～4m，厚度不宜小于1mm；

（4）防水板要求无钉铺设，环向分幅铺挂。

事件3：施工单位采用充气法检查防水板搭接焊缝质量时，当压力达到0.25MPa时停止充气，保持一定时间，压力下降在规定幅度以内时，判定焊缝质量合格。

事件4：施工单位确定用水量时，考虑了施工人员的生活用水、浴池用水、消防用水、衬砌用水（包括拌和、养护和冲洗等用水）、喷雾洒水用水等因素的耗水量，并在洞口上方砌筑了一座高压水池。

隧道施工完成后进行了交工验收，交工验收工程质量得分为85分。通车试运营2年后，项目法人按竣工验收工作程序及时组织了竣工验收，竣工验收委员会对工程质量的评分为86分，质量监督机构对工程质量的鉴定得分为82分。

问题：

1. 写出图 4 中排水设施 A、B、C 的名称。
2. 指出事件 1 中隧道开挖和出渣时宜选用的五种机械设备。
3. 逐条判断事件 2 中的施工要求是否正确。若不正确，写出正确要求。
4. 说明事件 3 中压力应保持的时间以及在规定时间内压力下降的规定幅度。
5. 事件 4 中，施工单位还应考虑哪些施工设备用水的耗水量（列出 2 种）？
6. 改正背景资料中竣工验收时的错误做法。计算该隧道的竣工验收工程质量评分值，为何种质量等级（计算结果保留小数点后 1 位）？

（五）

背景资料：

某施工单位承建了某双线五跨变截面预应力混凝土连续刚构梁桥，桥长612m，跨径布置为81m+3×150m+81m。主桥基础均采用钻孔灌注桩，主墩墩身为薄壁单室空心墩，墩身最大高度60m。主桥0号、1号块采用单箱单室结构，顶板宽12m，翼板宽3m。主桥桥位处河道宽550m，水深0.8~4m，河床主要为砂土和砂砾。

施工中发生如下事件：

事件1：根据本桥的地质、地形和水文情况，施工单位主桥上部结构采用悬臂浇筑施工法。其中0号、1号块采用托架法施工，悬臂端托架布置示意图如图5所示。

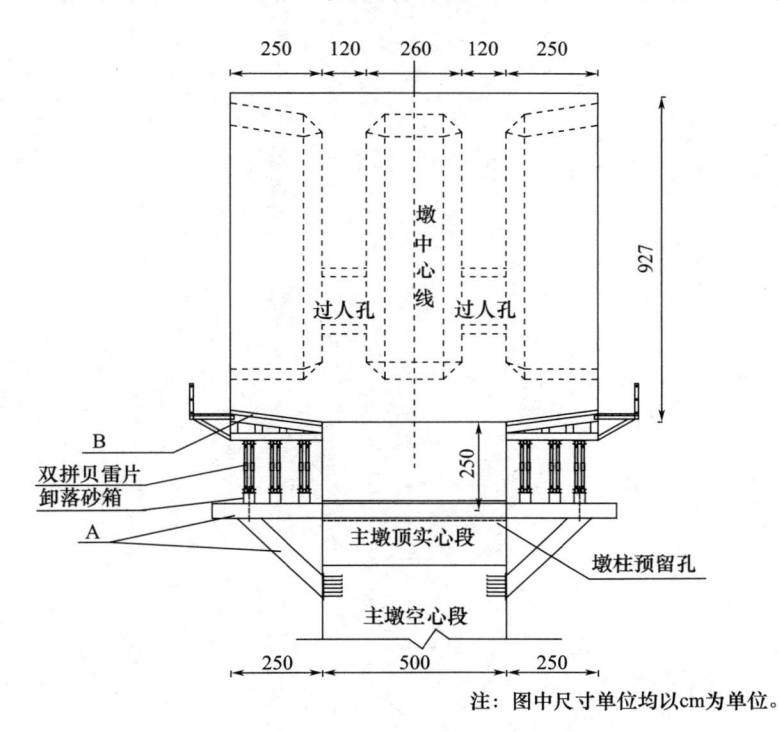

图5 悬臂端托架布置示意图

事件2：项目部编制了该桥悬臂浇筑专项施工方案，主要内容为：工程概况、编制依据、施工计划、施工工艺技术、施工安全保证措施、劳动力计划、C和D。专项方案编制完成后，由项目部组织审核，项目总工签字后报监理单位。

事件3：0号、1号块混凝土施工拟采用两次浇筑的方案：

第一次浇筑高度5.27m，主要工艺流程为：托架及平台拼装→安装底模及外侧模→E→安装底板、腹板、模隔板钢筋→安装竖向预应力管道及预应力筋、埋设预埋件→F→浇筑混凝土→养护；

第二次浇筑高度4m，主要工艺流程为：G→内侧模加高→安装内支架及顶板、翼板模板→H→安装纵向预应力管道→安装横向预应力管道及预应力筋、埋设各种预埋件→浇筑混凝土→养护。

事件4：施工单位采用墩侧塔式起重机运输小型机具和钢筋等材料；采用专用电梯运送施工人员；采用拌合站拌和、混凝土罐车运输、输送泵泵送混凝土入模浇筑。

问题：

1. 写出图中 A 和 B 的名称。
2. 根据本桥结构，施工单位在悬臂施工过程中是否需要采取临时固结措施？说明理由。
3. 事件2中 C、D 的内容是什么？专项施工方案审批流程是否正确？如有错误则改正。
4. 指出事件3中工艺流程 E、F、G、H 的名称。
5. 事件4中施工单位采用的施工机械设备哪些属于特种设备？特种设备持证要求有哪些？

考前冲刺试卷（三）参考答案及解析

一、单项选择题

1. D；	2. D；	3. D；	4. D；	5. A；
6. D；	7. B；	8. C；	9. B；	10. A；
11. D；	12. A；	13. D；	14. A；	15. B；
16. B；	17. D；	18. D；	19. C；	20. C。

【解析】

1. D。本题考核的是路基填料应符合的规定。粉质土不宜直接用于填筑二级及二级以上公路的路床，不得直接用于填筑冰冻地区的路床及浸水部分的路堤。

2. D。本题考核的是构件的存放规定。存放时间超过3个月时，应对梁、板的上拱度值进行检测，当上拱度值过大将会严重影响后续桥面铺装施工或梁、板混凝土产生严重开裂时，则不得使用。

3. D。本题考核的是路基施工测量方法。切线支距法：在没有全站仪的情况下，利用经纬仪和钢尺，以曲线起（终）点为直角坐标原点，计算出待放点 x、y 坐标，进行放样的一种方法，故选项 A 错误。坐标法放样：根据设计单位布设的导线点和设计单位提供的逐桩坐标表进行放样的一种方法，故选项 B 错误。偏角法：在没有全站仪的情况下，利用经纬仪和钢尺，以曲线起（终）点为极坐标极点，计算出待放点偏角 Δ 和距离 d，进行放样的一种方法，故选项 D 正确。

4. D。本题考核的是渗沟。渗沟沟底不能埋入不透水层时两侧沟壁均应设置反滤层。

5. A。本题考核的是填料碎石施工中的干法施工要求。填隙碎石的干法施工：初压宜用两轮压路机碾压3~4遍，使集料稳定就位，初压结束时，表面应平整并具有规定的路拱和纵坡。

6. D。本题考核的是横缝设置与施工。邻近桥梁或其他固定构造物处或与其他道路相交处，应设置横向胀缝。

7. B。本题考核的是旧沥青路面再生。现场热再生法简单方便，多用于基层承载能力良好、面层因疲劳而龟裂的路段，特别适用于老化不太严重，但平整度较差的高等级公路沥青路面上面层病害的修复，可恢复沥青上面层物理力学性能，修复沥青路面的车辙。

8. C。本题考核的是支架安装的规定。支架安装完成后，应对其平面位置、顶部高程、节点连接及纵、横向稳定性进行全面检查，符合要求后，方可进行下一工序。

9. B。本题考核的是桥台施工。墩台身的预制节段或整体墩身宜采用门式起重机起吊。当采用其他起重设备起吊时，除应有足够的起重能力外，尚应具有较好的稳定性，应能保证起吊作业的安全。

10. A。本题考核的是悬索桥施工。悬索桥按主缆锚固方式分为地锚式和自锚式悬索桥。大多数悬索桥采用地锚式，主缆通过锚碇将拉力传给地基，是大跨度悬索桥最佳受力模式，锚碇处要求地基承载力大。

11. D。本题考核的是隧道发生衬砌裂缝的原因。隧道发生衬砌裂缝的原因主要有围岩压力不均、衬砌背后局部空洞、衬砌厚度严重不足、混凝土收缩、不均匀沉降及施工管理不善等。

12. A。本题考核的是盾构法。手掘式盾构是最原始的一类盾构，其构造简单，配备较少，造价低。盾构顶部有活动前檐以支护上部土体，挖土由人工从上往下进行，每隔2~3m设一作业平台，可适应各种复杂地层。开挖面可根据地质条件全部敞开，也可采用正面支撑，随开挖随支撑。施工人员可观察到地层变化情况，遇到桩、孤石等地下障碍物时，比较容易处理，容易进行盾构纠偏，也便于在曲线段施工。

13. D。本题考核的是公路建设市场管理。总承包单位由项目法人依法通过招标方式确定。项目法人负责组织公路工程总承包招标。公路工程总承包招标应当在初步设计文件获得批准并落实建设资金后进行。

14. A。本题考核的是公路工程施工项目安全生产监督管理。项目经理为公路工程施工合同段安全生产管理的第一责任人，对落实带班生产制度负全面领导责任。

15. B。本题考核的是投标信封封袋文件。对公路工程施工招标，招标人采用资格预审方式进行招标且评标方法为技术评分最低标价法的，或者采用资格后审方式进行招标的，投标文件应当以双信封形式密封，第一信封内为商务文件和技术文件，第二信封内为报价文件。

16. B。本题考核的是质量检验评定。关键项目的合格率不得低于95%（机电工程为100%）；有规定极值的检查项目，任一单个检测值不应突破规定极值，否则该检查项目为不合格；一般项目，合格率应不低于80%。

17. D。本题考核的是公路工程施工项目安全管理措施。室外220V灯具距地面不得低于3m，室内220V灯具距地面不得低于2.5m。普通灯具与易燃物距离不宜小于300mm；聚光灯等高热灯具与易燃物距离不宜小于500mm，且不得直接照射易燃物。达不到规定安全距离时，应采取隔热措施。

18. B。本题考核的是应急救援预案编制和管理。施工项目应当制定应急救援预案演练计划，根据事故风险特点，每年至少组织一次综合应急救援预案演练或者专项应急救援预案演练，每半年至少组织一次现场处置方案演练。

19. C。本题考核的是公路工程施工机械设备的使用管理。平地机是一种铲土、运土、卸土同时进行的连续作业机械。平地机主要用于路基、砂砾路面的整平及土方工程中场地整型和平地作业，还可用于修整路基的横断面、修刮路堤和路堑的边坡、开挖边沟和路槽等。此外还可用来在路基上拌和稳定土或其他路面材料、摊铺材料、修整和养护土路、松土、回填、清除杂草和积雪等。

20. C。本题考核的是桥梁工程施工的平面控制测量要求。在布设平面控制点时，四等及以上平面控制网中相邻点之间的距离不得小于500m；一级平面控制网中相邻点之间的距离在平原、微丘区不得小于200m，重丘、山岭区不得小于100m；最大距离应不大于平均边长的2倍。特大桥及特殊结构桥梁的每一端应至少埋设3个平面控制点。

二、多项选择题

21. B、C、D、E；　　　22. A、C、E；　　　23. A、B、D、E；
24. A、D、E；　　　　25. A、B、C、E；　　26. A、B、E；
27. C、D、E；　　　　28. A、B、D；　　　　29. A、B、C、D；
30. A、B、C、D。

【解析】

21. B、C、D、E。本题考核的是路基施工测量工作要求。高程控制测量水准点复测与加密规定：

（1）水准点精度应符合规范的规定。

（2）同一建设项目应采用同一高程系统，并应与相邻项目高程系统相衔接。

（3）沿路线每500m宜有一个水准点，高速公路、一级公路宜加密，每200m有一个水准点。在结构物附近、高填深挖路段、工程量集中及地形复杂路段，宜增设水准点。临时水准点应符合相应等级的精度要求，并与相邻水准点闭合。

（4）对可能受施工影响的水准点，施工前应加固或改移，并应保持其精度。

（5）水准点应进行不定期检查和定期复测，复测周期应不超过6个月。

22. A、C、E。本题考核的是生石灰的技术要求。生石灰技术指标：

（1）有效氧化钙加氧化镁含量。

（2）未消化残渣含量。

（3）钙镁石灰分类界限，氧化镁含量。

三个指标应符合相关规范的规定。

23. A、B、D、E。本题考核的是沥青路面施工准备。热拌热铺沥青混合料路面试验段铺筑分试拌及试铺两个阶段，应包括下列试验内容：

（1）检验各种施工机械的类型、数量及组合方式是否匹配。

（2）通过试拌确定拌合机的操作工艺，考察计算机打印装置的可信度。

（3）通过试铺确定透层油的喷洒方式和效果、摊铺、压实工艺，确定松铺系数等。

（4）验证沥青混合料生产配合比设计，提出生产用的标准配合比和最佳沥青用量。

（5）建立钻孔法与核子密度仪无破损检测路面密度的对比关系。确定压实度的标准检测方法。核子仪等无破损检测在碾压成型后热态测定，取13个测点的平均值为1组数据，一个试验段不得少于3组。钻孔法在第2天或第3天以后测定，钻孔数不少于12个。

（6）检测试验段的渗水系数。

24. A、D、E。本题考核的是沉入桩。沉入桩沉桩顺序宜由一端向另一端进行，当基础尺寸较大时，宜由中间向两端或四周进行；如桩埋置有深浅，宜先沉深的，后沉浅的；在斜坡地带，应先沉坡顶的，后沉坡脚的。桩沉入过程中，应始终保持锤、桩帽和桩身在同

17

一轴线上。

25. A、B、C、E。本题考核的是隧道施工监控量测技术。隧道施工监控量测遇到下列情况之一时，应提出预警并分级管理：

（1）支护结构出现开裂，实行Ⅰ级管理。

（2）地表出现开裂、坍塌，实行Ⅰ级管理。

（3）渗水压力或水流量突然增大，实行Ⅱ级管理。

（4）水体颜色或悬着物发生变化，实行Ⅱ级管理。

26. A、B、E。本题考核的是公路工程设计变更管理的相关规定。互通式立交的数量发生变化属于重大变更，故选项C错误。收费方式及站点位置、规模发生变化属于重大变更，故选项D错误。

27. C、D、E。本题考核的是施工进度计划的调整方法。可以改变关键工作或超过计划工期的原非关键工作（即新关键工作）之间的逻辑关系，达到缩短工期的目的。例如，将顺序进行的工作改为平行作业、搭接作业以及分段组织流水作业等，都可以有效地缩短工期。但要注意压缩过程中关键线路会随着压缩关键工作而改变或增加条数。

28. A、B、D。本题考核的是公路工程施工成本核算方法。施工单位工程项目成本核算应以具有独立设计文件、造价文件以及能独立组织施工的单位工程为核算对象。但施工合同包含两项以上单位工程时，要分别进行不同单位工程的成本核算，以便掌握不同工程类型产品的成本水平和相关资料。对于达不到单位工程整体范围的施工合同，则按合同造价界定范围进行成本核算；承包多个单位工程中同类性质专业工程的施工合同，仍应按各单位工程进行专业工程成本核算。

29. A、B、C、D。本题考核的是公路工程施工项目事故隐患排查治理。公路工程施工安全生产隐患排查的目标是实现"两项达标""四项严禁""五项制度"的总目标。"五项制度"包括：

（1）施工现场危险告知制度。

（2）施工安全监理制度。

（3）专项施工方案审查制度。

（4）设备进场验收登记制度。

（5）安全生产费用保障制度。

30. A、B、C、D。本题考核的是膨胀岩土地段施工。膨胀岩土隧道初期支护及二衬施工应符合的规定：

（1）采用封闭型钢架时，初期支护应及时封闭成环。

（2）采用可缩钢架时，其滑动节的个数与整个布点的活动量，应满足膨胀岩土的膨胀量与约束量。

（3）可采用长锚杆、可拉伸锚杆和临时仰拱等措施。

（4）喷射混凝土可采用逐次加喷或预留纵向变形缝，满足膨胀岩土的膨胀量。

（5）采用挂网喷射混凝土时，应先喷一层约40mm的混凝土，并安设钢筋网，再补喷到设计的厚度。

（6）支护的总压缩量应与预留变形量一致。

（7）渗水地段应及时引、排水，喷射混凝土应调整配合比，使喷射混凝土与围岩密贴。

（8）衬砌结构应与围岩充分密贴、及早闭合。当衬砌混凝土的强度达到设计要求时，方可拆模。

三、实务操作和案例分析题

（一）

1. 工艺 A：配合比调试。

工艺 B：沥青混凝土配合比。

工艺 C：批准配合比。

2. （1）不正确。正确的施工要求：应按设计喷油量一次均匀洒布。

（2）不正确。正确的施工要求：不得在表面形成油膜。

（3）正确。

（4）正确。

（5）正确。

3. 评价沥青混合料在外力作用下抵抗变形的能力指标：稳定度。

抗塑性变形的能力指标：流值。

4. 机械设备归档内容中遗漏的三项内容：设备的购买日期、各设备操作人员资格证明材料、使用说明书等技术资料。

（二）

1. 图 2 中构造 A 的名称：注浆孔。

构造 B 的名称：固定环。

材料 C 的名称：钢筋笼。

2. 逐条判断事件 1 中施工单位的做法是否正确：

（1）不正确。正确做法：两台阶法施工时，下台阶在上台阶喷射混凝土强度达到设计强度的 70% 以后开挖。

（2）正确。

（3）不正确。正确做法：环形开挖留核心土法施工时，中下台阶每循环进尺按不大于 2 榀（或 1 榀，或 2 榀）钢架间距控制。

（4）正确。

3. 事件 2 中开挖方法转换应选择在 Ⅳ 级围岩段进行。

4. 事件 3 中喷射混凝土缺少的一项实测项目：喷层厚度。

其中的一项关键项目：喷射混凝土强度（或喷层与围岩接触状况）。

隧道总体质量实测项目中的一项关键项目：内轮廓高度。

（三）

1. 事件1中，监理工程师在下达工程变更令之前的程序如下：

（1）报业主批准。

（2）同承包人协商确定变更工程价格不超过业主批准的范围。

2. 混凝土护壁形式属于内齿式。

构造物A为孔口护圈（或围挡）。

管孔B的主要作用为：(1) 作为泄水孔；(2) 向护壁与桩周间空隙灌注水泥浆的灌浆（或压浆）孔。

3. D（挖孔桩直径）不宜小于1.2m；H应不小于0.3m。

为防止施工人员发生中毒窒息事故，应配备的主要仪器设备有：气体浓度检测仪器，机械通风设备（鼓风机），隔绝式压缩氧自救器。

4. 事件3中，(1) 正确。

事件3中，(2) 错误。将"220V"改正为"36V及以下安全电压"。

事件3中，(3) 错误。改正为"桩孔开挖每开挖不超过1m深度必须浇筑混凝土护壁（或挖一节浇筑一节护壁）"。

5. 修订后的专项施工方案需要专家论证审查。

理由：因为该大桥人工挖孔桩基础虽然开挖深度不超过15m，但土体中存在甲烷、一氧化碳等有毒有害气体。

（四）

1. 排水设施A的名称：环向排水盲管（或竖向泄水管，或环向排水管）。

排水设施B的名称：路侧边沟。

排水设施C的名称：中央排水管（沟）。

2. 事件1中隧道开挖和出渣时宜选用的机械设备有：风动凿岩机；轮胎式装载机；装药台车；柴油自卸卡车；空气压缩机。

3. （1）正确。

（2）正确。

（3）不正确。

正确要求：防水板宜采用高分子材料，幅宽2~4m，厚度不宜小于1.5mm。

（4）不正确。

正确要求：防水板要求无钉铺设，环向整幅铺挂。

4. 压力应保持的时间为15min。

规定时间内压力下降的规定幅度在10%以内。

5. 施工单位还应考虑凿岩机用水、空气压缩机冷却用水的耗水量。

6. （1）竣工验收时错误做法的改正：通车试运营2年后，负责竣工验收的交通运输主管部门按竣工验收工作程序及时组织了竣工验收。

（2）该隧道的竣工验收工程质量评分值=85×0.2+86×0.2+82×0.6=83.4；该隧道的竣工验收工程质量等级为合格。

（五）

1. 悬臂端托架布置示意图中，A是悬臂端托架。悬臂端托架布置示意图中B是悬臂端底模板。

2. 不需要采取临时固结措施。

理由：本桥结构为连续刚构，结构本身具有一定的抗弯能力。

3. 事件2中，C是方案设计图，D是方案计算书。

专项施工方案审批流程错误。

改正如下：专项方案编制完成后，应由施工单位技术部门组织本单位施工技术、安全、质量等部门的专业技术人员进行审核，由施工单位技术负责人签字。

4. 事件3中，E是预压，F是安装内侧模，G是处理施工缝，H是绑扎顶板、翼板钢筋。

5. 塔式起重机和施工电梯属于特种设备。

特种设备持证有以下要求：设备的出厂合格证、检验合格证、使用地报检合格证、操作人员特殊工种证。